RENÉ GIRARD

Realizações
Editora

Impresso no Brasil,
julho de 2012

Título original: À Charge
de Revanche – Figures
Élémentaires de la
Réciprocité
Copyright © Editions du
Seuil, 2002.
Todos os direitos
reservados.

Os direitos desta edição
pertencem a
É Realizações Editora,
Livraria e Distrib. Ltda.
Caixa Postal: 45321
cep: 04010 970
São Paulo, SP, Brasil
Telefax: (5511) 5572 5363
e@erealizacoes.com.br
www.erealizacoes.com.br

Design Gráfico
Alexandre Wollner
Alexandra Viude
Janeiro/Fevereiro 2011

Diagramação e finalização
Mauricio Nisi Gonçalves
André Cavalcante
Gimenez/Estúdio É

Pré-impressão e
impressão
Prol Editora Gráfica

Proibida toda e qualquer
reprodução desta edição
por qualquer meio ou
forma, seja ela eletrônica
ou mecânica, fotocópia,
gravação ou qualquer
outro meio de reprodução,
sem permissão expressa
do editor.

Editor
**Edson Manoel de
Oliveira Filho**

Coordenador da
Biblioteca René Girard
**João Cezar de Castro
Rocha**

Gerente editorial
Gabriela Trevisan

Preparação
Dida Bessana

Revisão
**Danielle Mendes Sales
Cristiane Maruyama**

RENÉ GIRARD
anatomia da vingança
figuras elementares da reciprocidade

Mark R. Anspach

tradução Margarita Maria Garcia Lamelo

Realizações Editora

Esta edição teve o apoio da Fundação Imitatio.

IMITATIO
INTEGRATING THE HUMAN SCIENCES

Imitatio foi concebida como uma força para levar adiante os resultados das interpretações mais pertinentes de René Girard sobre o comportamento humano e a cultura.

Eis nossos objetivos:

Promover a investigação e a fecundidade da Teoria Mimética nas ciências sociais e nas áreas críticas do comportamento humano.

Dar apoio técnico à educação e ao desenvolvimento das gerações futuras de estudiosos da Teoria Mimética.

Promover a divulgação, a tradução e a publicação de trabalhos fundamentais que dialoguem com a Teoria Mimética.

O ser humano é uma superposição de círculos viciosos.
O grande segredo é que giram em torno de si mesmos.
Mas os próprios centros desses círculos estão em um
círculo; o homem sai do último para entrar no primeiro.

René Daumal

sumário

11
apresentação
Jean-Pierre Dupuy

17
prefácio

21
capítulo 1
vingança e dom

43
capítulo 2
dom e contradom

99
capítulo 3
você e eu

139
capítulo 4
nós e o todo

161
referências
bibliográficas

169
breve explicação

171
cronologia de
René Girard

175
bibliografia de
René Girard

178
bibliografia
selecionada sobre
René Girard

187
índice analítico

189
índice onomástico

apresentação
Jean-Pierre Dupuy

O modelo dominante nas ciências humanas e sociais é, hoje, aquele que explica as ações humanas pela "lógica do interesse". A sua hegemonia acompanha o monopólio quase absoluto que o pensamento econômico exerce na mente humana. Quando se quer criticar, não esse modelo, mas a realidade que supostamente descreve, o que se diz é que os indivíduos são movidos por seu interesse *egoísta* e há indignação em relação à falta de altruísmo ou de generosidade que marca a nossa época. A sociologia de Pierre Bourdieu é, neste caso, exemplar. Trata-se de um pensamento que foi rapidamente classificado como o antípoda do modelo individualista e racionalista que encontra a sua expressão derradeira na figura do *homo oeconomicus*. Contudo, Bourdieu estava mais convencido do que todos os economistas do planeta reunidos de que é "a lei do interesse" que governa o mundo. A grande diferença é que o modelo individualista e racionalista assume publicamente como norma o que a sociologia de Bourdieu via como a verdade vergonhosa e oculta das sociedades humanas. O modelo individualista e racionalista é essencialmente culpado de ingenuidade aos olhos da sociologia crítica.

Uma das implicações desse modelo é que é por natureza que os homens trocam uns com os outros. A troca recíproca é um dado da natureza humana, acreditava Adam Smith, o pai da ciência econômica. É a manifestação pública de uma propriedade da mente humana, pensava Claude Lévi-Strauss, o pai da antropologia estrutural. Nenhum desses pensadores podia conceber que a própria possibilidade da troca recíproca representasse um enigma para as ciências do homem.

A desmistificação sociológica acha que revela a face obscura das sociedades humanas identificando a "lógica do interesse" até por trás das condutas aparentemente mais desinteressadas. Tudo começou com a publicação em 1924 da obra fundamental de Marcel Mauss, *O Ensaio sobre o Dom*. Mauss, sobrinho de Émile Durkheim, é considerado hoje o fundador da antropologia francesa. Nesse livro, ele nos lembra que a troca econômica na maioria das sociedades tradicionais se realiza na forma de dons e de contradons. Em princípio desinteressados, esses gestos são na verdade submetidos a obrigações muito rígidas e são guiados pelo "interesse econômico". Trata-se, portanto, de uma comédia que a sociedade dramatiza, um tipo de vasta mentira coletiva. Na sua obra de 1972, *Esboço de uma Teoria da Prática*, Bourdieu retomará o mesmo tema, endurecendo-o ainda mais. É fundamental para a troca de dons que a sua verdade "objetiva" – por trás da fachada da gratuidade, o cálculo egoísta; por trás da generosidade, a reciprocidade interessada – esteja escondida aos olhos dos atores, caso contrário todo o sistema social estaria em perigo. Mas por que então essa necessidade de esconder o que se encontra no próprio princípio da ordem social? A única resposta que Bourdieu pode nos dar é que a "lei do interesse" que governa o mundo não é bonita de se ver. Às vezes, temos a impressão, ao lê-lo, que os seus selvagens são pequeno-burgueses hipócritas, hábeis em dissimular a sua "pressa de estar quite, de não dever nada" sob o manto de uma cortesia de boa qualidade e de um desinteresse forçado.

O debate sobre a troca de dons, rebatizado com o nome de "troca simbólica", é um daqueles que verdadeiramente constituíram as ciências do homem à francesa. Os maiores autores julgaram importante participar desse debate que leva a fazer perguntas antropológicas e epistemológicas fundamentais.

Eis que René Girard – que naturalmente não precisamos apresentar aos leitores dos livros desta coleção. Ele renovou completamente os termos da questão, colocando em primeiro plano uma dimensão que estava, sem dúvida, presente nos autores anteriores, mas de maneira quase adventícia: a violência. Por que a reciprocidade inerente à troca de dons deve ficar oculta? Por que a primeira vez que os homens fazem a experiência da reciprocidade, não é na sua forma positiva, a troca de bens, mas na sua forma negativa, a troca de golpes. A reciprocidade é a própria forma da violência, e é essa violência subjacente à troca de dádivas que se trata de mascarar absolutamente. A troca recíproca de bens, a reciprocidade positiva, longe de ser uma prática natural, ao contrário, aparece à luz da antropologia da violência e do sagrado de René Girard, como um dos principais enigmas das ciências do homem.

René Girard falou pouco sobre economia na sua obra. As suas hipóteses, apesar de tudo, abriram um campo de pesquisas extremamente vasto nesse terreno. Um certo número de pesquisadores já começou a trabalhar e os resultados são espetaculares. Mark R. Anspach é certamente um dos pensadores mais originais e profundos a esse respeito. De origem americana, formado em antropologia, fez a sua tese sob a orientação de René Girard na Universidade Stanford. Em seguida ele se junta em Paris ao centro de pesquisas filosóficas da École Polytechnique (CREA) que criei em 1982. Foi aí que os seus principais trabalhos em antropologia, mas também em economia, filosofia política e epistemologia das ciências sociais se desenvolveram.

Não hesito em dizer que a obra que será lida é muito superior a tudo o que foi escrito até hoje sobre a troca de dons. Conciso na sua forma, muito claro na sua expressão, ele propõe uma teoria geral das "figuras elementares da reciprocidade" que resolve de forma elegante os paradoxos nos quais tropeçaram todos aqueles que refletiram sobre as relações entre economia e violência.

Mark R. Anspach escreveu este livro diretamente em francês (sua língua materna é o inglês). É uma façanha, mas a língua tem um papel importante na sua reflexão. Parece que com muita frequência as palavras e as expressões que utilizamos nas nossas línguas vernáculas sabem muito mais a respeito do tema do que nós mesmos. Quando recebemos um presente, dizemos "merci" em francês. O que quer dizer? Que pedimos *merci*, ou seja, a misericórdia do doador. Estamos à sua *merci*, em princípio ele pode fazer o que quiser conosco. É bem isso que se diz também em português quando se diz "obrigado", pois isso quer dizer que somos doravante o *obrigado* daquele que nos gratifica. Mas a expressão mais significativa é a que Mark R. Anspach escolheu para o título do seu livro – e que é sem dúvida intraduzível em outra língua que não seja o francês: "À charge de revanche". Suponhamos que eu jante com um amigo. Eu insisto em pagar a conta, ele também, e é ele que finalmente tem a última palavra. É nesse momento então que uso a expressão em questão. Mas o que significa literalmente? Digo ao meu amigo: está bem, eu deixo que você me convide desta vez, mas quero que você saiba que *agora tenho a obrigação de me vingar*! Não poderíamos expressar melhor que por trás das manifestações sociais de generosidade aflora algo muito mais tenebroso, a face oculta das sociedades humanas, ou seja, a reciprocidade violenta.

Jean-Pierre Dupuy
Stanford, junho de 2012

prefácio

Da vingança ao dom e o dom ao mercado, as relações humanas parecem marcadas pela reciprocidade. Por que a coisa dada, o benefício ou o prejuízo, o elogio ou o insulto, devem ser retribuídos?, pergunta Marcel Mauss. E responde invocando o *hau*, esse espírito mágico do dom que encontra nos maoris: "No fundo, é o *hau* que quer voltar".

Em nossa sociedade moderna desencantada, não acreditamos mais na intervenção de terceiros externos, transcendentes em relação aos homens, deuses ou espíritos mágicos. Nenhum *hau* parece estar pronto para voltar.

Mas os espíritos e os deuses são apenas a encarnação do círculo das interações humanas, e esse círculo não pode desaparecer. É ele que permanece exterior, transcendente em relação aos homens.

Pois uma relação de reciprocidade não poder ser reduzida a uma troca entre indivíduos. Um terceiro transcendente emerge sempre, mesmo que esse terceiro não seja senão a própria relação que se impõe como ator de pleno direito.

A relação pode ser boa ou ruim; o círculo, virtuoso ou vicioso. O capítulo 1 expõe a passagem do círculo vicioso da vingança ao círculo virtuoso do dom. Recorrendo aos deuses e aos espíritos, as primeiras sociedades humanas saem da violência para fazer trocas pacíficas. O sacrifício abre o caminho para a reciprocidade positiva. O capítulo 2 explora as idas e vindas da reciprocidade positiva. Descobriremos como a generosidade do dom se concilia com a obrigação de retribuí-la, e o que essa obrigação se torna passando do dom arcaico ao mercado. O Estado não é o terceiro transcendente que cuida, numa escala global, das transações comerciais?

O capítulo 3 volta-se para a esfera da intimidade. Nas sociedades dominadas pelo mercado, o casal se baseia sempre na relação do dom, porém o casamento sai cada vez mais do contexto religioso. Que lições podemos extrair do dom arcaico para compreender a reciprocidade no centro da relação do casal, dos serviços sexuais ou dos presentes de Natal ao paradoxo do endividamento mútuo, sem esquecer a seguinte pergunta pungente: quem deve lavar a louça?

A vida social não se reduz à esfera econômica e doméstica. O capítulo 4 retoma a questão política. Alguns condenam toda intervenção do Estado em um mercado "autorregulador" que supostamente deve funcionar sozinho, seguindo o modelo de uma rede de neurônios ou de autômatos. A "mão invisível" do mercado permitiria fazer a economia de toda a transcendência. Mas não é a própria economia que aparece agora como a força transcendente por excelência? Hoje, como antigamente, os homens devem aprender a sair dos círculos viciosos em que se fecham para se tornar também atores de pleno direito.

Agradecimentos

Este pequeno livro teve uma longa gestação. Seu núcleo é a análise do dom em termos de "duplo vínculo" (double bind), publicada desde 1986 e 1987 nos Cahiers du CREA e no Bulletin du MAUSS, graças a Jean-Pierre Dupuy e Alain Caillé.

Com sua generosidade costumeira, Jean-Pierre Dupuy acolheu como colega um jovem norte-americano ainda estudante, dando-lhe a oportunidade de participar da aventura de um laboratório interdisciplinar, sem dúvida único no mundo. As páginas que se seguem revelam a diversidade das pesquisas que o autor pode fazer no CREA e a inspiração que recebe dessa maneira característica que Jean-Pierre Dupuy tem de apreender a autotranscendência do social.

Pelos encorajamentos dados, ao longo dos anos, a seus estudos sobre a dádiva, o autor reconhece sua dívida em relação a Alain Caillé. Aliás, esta obra pode ser lida como uma contribuição ao que Alain Caillé chama "terceiro paradigma" na *Antropologia do dom*.

Ao mesmo tempo, este trabalho está inserido no contexto do que poderíamos chamar "paradigma do terceiro", aquele cujas bases foram lançadas por Lucien Scubla em "Nunca dois sem três? (Reflexões sobre as Estruturas Elementares da Reciprocidade)".

Lucien Scubla releu pacientemente e comentou as sucessivas versões do manuscrito. Reginald McGinnis fez observações muito úteis relativas a uma primeira versão do texto. Os esclarecimentos de John Stewart foram indispensáveis em relação à autorregulação do sistema imunológico e os de Paul Dumouchel, em relação ao dilema do prisioneiro. Jean-Pierre Dupuy ajudou o autor com observações sobre a versão final do manuscrito.

Algumas ideias desenvolvidas aqui foram expostas diante dos estagiários do Instituto de Estudos Sistêmicos nas jornadas organizadas por Jean-Paul Mugnier. As origens de certas partes do livro remontam a trabalhos universitários apresentados ou dirigidos pelo saudoso Cornelius Castoriadis e por Michel Deguy, Jean-Claude Galey, René Girard, Michel Serres e Earl Taylor.

O autor é o único responsável pelos julgamentos expressos.

capítulo 1
vingança e dom

> *Isto, sim, só isto é a própria vingança: a repulsa da vontade contra o tempo e o seu "foi".*
> Friedrich Nietzsche

> *Em todos os lugares em que a organização se baseia nos laços de sangue, observamos a prática da vingança. A vida coletiva da comunidade encontra aí sua expressão; é uma força incompreensível que ultrapassa a esfera do indivíduo e se torna o objeto de um respeito religioso.*
> Friedrich Nietzsche

Matar aquele que matou

O assassinato é a ofensa suprema. Aquele que mata deve pagar com a própria vida.

E quem mata aquele que mata?

Como não era preciso matar, é preciso matar aquele que matou... A vingança do assassinato constitui o primeiro círculo vicioso com o qual toda a sociedade humana depara, o círculo vicioso do qual foi necessário escapar. No início, há um fato simples: o assassinato é irreversível. É a própria evidência, mas a vingança não se resigna a essa evidência. Então, sem poder anular o assassinato, ela procura restituir o equilíbrio perturbado aniquilando o assassino. Sua palavra de ordem: matar quem matou.

Uma vez concretizada a vingança, o equilíbrio perdido é restaurado, mas, assim que é restaurado, é novamente ameaçado, porque as pessoas próximas do assassino morto desejarão aplicar a mesma palavra de ordem: matar aquele que matou. Pois os seres próximos do primeiro assassino certamente não estarão de acordo com sua execução. Na "maioria das civilizações de vendeta", observa François Tricaud, "o assassinato de um dos meus seres próximos, independentemente de sua justificação aos olhos do adversário, é para mim o começo absoluto e sagrado de uma dívida da qual me desencarregarei quando eu, por minha vez, tiver assassinado o assassino", de tal forma que "cada reparação deve por sua vez ser reparada, ao infinito".[1]

Em relação à necessidade de lavar o sangue com sangue, o acordo entre os campos adversários é perfeito. Dessa maneira, a oposição mais extrema, a mais violenta, se baseia em uma identidade de princípio. *Matar aquele que matou*: enquanto as duas partes estiverem de acordo em relação a esse princípio, o conflito irá se perpetuar por si só, com a regularidade de um mecanismo que funciona sozinho. Os homens que participam da vendeta agem independentemente de sua vontade; eles não passam de engrenagens do mecanismo.

---

[1] François Tricaud, *L'Accusation. Recherche sur les figures de l'agression étique*. Paris, Dalloz, 1977, p. 73.

O funcionamento desse mecanismo pode ser descrito por uma fórmula quase matemática: *Vingança = Matar (aquele que matou)*. O vingador que abate o assassino se torna, literalmente *ao mesmo tempo*, assassino também. A operação descrita pela fórmula faz o operador do "Matar" ficar dentro dos parênteses, onde está destinado a se tornar por sua vez o objeto da operação. É uma operação que se realiza em seu próprio operador: *Matar (aquele que matou) = Matar (o operador da vingança)*.

Essa linguagem formal, impessoal, se justifica pelo caráter anônimo do mecanismo. Sobre aquele que matou aquele que matou não se diz que foi "*o instrumento* da vingança"? Ele só é o agente anônimo de um processo que o ultrapassa. O vingador só encarna a Vingança – e, como última encarnação, é automaticamente marcado como a próxima vítima. Dessa forma, há uma oscilação perpétua entre os papéis do assassino e do assassinado, papéis que são desempenhados sucessivamente por uma série indefinida de agentes. Como não pode anular o assassinato, a vingança tem como objetivo eliminar o assassino. Contudo é impossível destruir um assassino sem produzir um novo assassino. A vingança não consegue restaurar o equilíbrio entre grupos que o ato do primeiro assassino perturbou, pois cada novo assassino que ela produz sempre é excessivo. O ajuste de contas continua, pois o medidor nunca volta para o zero. O último que matou sempre deve pagar. A operação da vingança faz oscilar a dívida sucessivamente de um lado para o outro sem nunca parar num ponto de equilíbrio.

É assim, pelo menos, que as coisas se mostram quando se está no plano dos indivíduos que estão no processo e o observam de dentro. Entretanto, se ficarmos mais no plano da relação *entre* os indivíduos, se observarmos o processo, por assim dizer, de cima, poderemos constatar que há de fato um equilíbrio. Porém, esse equilíbrio não tem um ponto de imobilidade. O processo não converge para um "ponto fixo", que os matemáticos chamam de um valor próprio. O equilíbrio que se trata de reconhecer aqui é de outra natureza. Ele reside na regularidade da própria oscilação, regularidade garantida pela circularidade do processo. É o equilíbrio dinâmico manifestado pela estabilidade do comportamento do sistema: não um valor próprio, portanto trata-se antes de um "comportamento próprio".

A manutenção de um comportamento próprio pertence a sistemas dotados de uma "vida própria" – ou seja, sistemas autônomos.[2] A capacidade de se perpetuar, de se regenerar pelos produtos de sua própria atividade, é o que caracteriza os organismos vivos e qualquer outro sistema autônomo. A vingança perpetua-se porque ela produz, por sua própria operação, os assassinos nos quais é exercida, numa espécie de regressão infinita. A represália nunca consegue anular o assassinato anterior: em vez de anular o passado, ela não para de reproduzi-lo. A vingança olha sempre para trás, e o resultado é uma fuga desenfreada para a frente.

---

[2] Cf. Jean-Pierre Dupuy, *Ordres et Désrdres*. Paris: Le Sevil, 1982, e Francisco J. Varela, Autonome et Connaissance. Essai ser le vivant. Dumocher, Paulo (trad.). Paris: Le Sevil, 1989. Um comportamento próprio pode ser descrito por uma função autorreferencial: $x = f(x) = f(f(x))$... A repetição indefinida dessa função lembra a iteração indefinida da nossa fórmula para a vingança: Vingança = Matar [aquele que matou] = Matar (aquele que matou (aquele que matou))...

Todas essas características da vingança são evidenciadas no livro *Abril Despedaçado,* de Ismail Kadaré. Esse romance austero faz o retrato do sistema vingativo albanês insistindo em sua inexorabilidade mecânica. O protagonista, Gjorg, é conduzido apesar dele mesmo para o ciclo vingador pelo assassinato de seu irmão. O relato começa no dia 17 de março, quando Gjorg mata aquele que matou o seu irmão, e acaba um mês depois quando Gjorg, por sua vez, é morto. Agonizante, no chão, Gjorg ouve passos se distanciarem rapidamente, e ele se pergunta de quem são esses passos. A resposta veio à sua mente como uma iluminação: "Mas são os meus! O dezessete de março, a estrada, perto de Brezftoht... Por um momento perdeu a consciência, depois ouviu novamente ressoarem os passos, e mais uma vez lhe pareceu que eram os seus, que era ele e nenhum outro que corria assim deixando para trás de si, estendido na estrada, seu próprio corpo, que acabava de abater".[3]

No momento em que o ciclo da violência se fecha nele, Gjorg se vê voltando para um mês atrás; ele ouve seus próprios passos fugindo da cena do assassinato que cometeu. A fuga do vingador é uma fuga para a frente que o leva inexoravelmente para a mesma cena, para essa cena do passado em que o assassino é morto. Matando o assassino, Gjorg se condenou à morte com a mesma certeza que se tivesse deixado o outro matá-lo antes...

Deixar o outro matá-lo antes – contanto que o outro o deixe matá-lo em seguida: esse é o procedimento

---

[3] Ismaïl Kadaré, *Avril brisé*, trad. Jusuf Vrioni. Paris: Fayard, 1982, p. 216

paradoxal que está na base do desafio lançado aos heróis épicos irlandeses pelo gigante Uath, o Estrangeiro, num episódio d'*O Festim de Briciu*. O Estrangeiro explica que ele percorre o mundo inteiro em busca de um homem que cumprirá sua palavra e respeitará seu acordo com ele. Depois, ele especifica os termos do acordo. "Aqui temos um machado, ele diz. Aquele que aceitar cortar a minha cabeça hoje, amanhã eu cortarei a sua?"[4] Esse desafio evoca o sonho de um assassinato que não será irreversível. Mas ele não para aí. Da noção do assassinato reversível, ele deduz a reversibilidade do ciclo da vingança. Aquele que mata deve pagar com sua cabeça? Então, que ele pague adiantado!

Inverter o ciclo da vingança é *dar ao outro antecipadamente*. Sem dúvida, só um ser com o poder mágico do gigante poderia se permitir oferecer sua cabeça a outro antecipadamente. Mas a lógica do desafio lançado pelo Estrangeiro em *O Festim de Briciu* não é tão insólita quanto parece. Na realidade, nós a reencontramos nos próprios fundamentos da ordem social arcaica: não é senão a lógica que subentende a troca de dons.

Nesta, de fato, algo é oferecido ao outro hoje para receber dele amanhã. Sem dúvida, se o desejo é ainda estar presente no dia seguinte, não se dá sua própria cabeça.[5]

---

[4] Lady Isabella Augusta Gregory, *Cuchulain of Muirthemme. The Story of the Men of Red Branch of Ulster*. In: *A Treasury of Irish Myths, Legend, and Folklore*. Nova York: Avenel, 1986 [1902], p. 422. Encontramos o mesmo desafio em outras lendas medievais, como a de "Gawain e o Cavaleiro Verde".
[5] A não ser que se estipule uma entrega póstuma, como no acordo proposto em 1819 a Samuel Marsden, missionário na Nova Zelândia, por um chefe maori que cobiçava seu machado. Sabendo que colecionadores europeus

Mas o objeto dado é sempre uma espécie de prolongamento do doador: "[...] apresentar algo a alguém, observa Marcel Mauss, é apresentar algo de si".[6] Apresenta-se algo de si prevendo que se receberá algo do outro. A diferença essencial entre a lógica da vingança e a do dom está no fato de que a dádiva *antecipa* a reciprocidade.

Na reciprocidade negativa da vingança, dá-se um golpe naquele de quem se recebeu um golpe para devolvê-lo – e não para recebê-lo.[7] Não se busca a retribuição, esta vem por assim dizer procurá-lo. É o outro que desejará lhe dar um golpe de retaliação. Na reciprocidade positiva do dom, prevê-se o desejo do outro e dá-se, por assim dizer, um golpe em si antecipadamente. Ou melhor, impõe-se a si mesmo um *custo* para satisfazer generosamente ao desejo do outro antes que este se manifeste.

Essa bondade precavida é a "virtude" atribuída ao tabaco por Sganarello no começo do *Don Juan* de Molière: "O senhor não vê, assim que o consumimos, de que maneira bondosa nós o utilizamos com todo o mundo, e como ficamos felizes de dar a todos, onde quer que estejamos? Nem mesmo esperamos que nos peçam, e nos precipitamos antes do desejo das pessoas [...]". "Como tornar-se virtuoso, *honnête homme?*", pergunta Michel Serres, que relê *Don Juan* à luz do *Ensaio sobre*

---

apreciavam as cabeças conservadas dos maoris, o chefe ofereceu dar a sua depois de sua morte em troca do machado do missionário. Mas que ele pague adiantado! (F. Alan Hanson e Louise Hanson, *Counterpoint in Maori Culture*. Londres: Routledge & Kegan Paul, 1983, p. 212, n. 45.)
[6] Marcel Mauss, *Essai sur le don*. In: *Sociologie et Anthropologie*. Paris: Presses Universitaires de France, 1983, [1923-1924], p. 161.
[7] Observação de Charles Malamoud (comunicação pessoal).

o dom. "Pela oferenda antes do desejo, pela dádiva que antecipa o pedido, pela aceitação e retribuição."[8] Dessa forma, quando a vingança olha para trás, a reciprocidade positiva se volta para o futuro: ela começa pela oferenda que precede o desejo. Pois bem, essa oferenda que é a resposta antecipada ao desejo do outro constitui ao mesmo tempo a recíproca do que o doador gostaria de receber em seguida. E se o beneficiário, por sua vez, oferece de fato um presente, isso significa que o primeiro doador já pagou antecipadamente.

O primeiro doador impôs para si antecipadamente um custo. Impor a si mesmo um custo não significa literalmente se dar um golpe, mas significa virtualmente fazê-lo porque equivale a sacrificar-se: "[...] as pessoas se dão dando", ressalta Mauss.[9] Evidentemente, o doador em geral só sacrifica um objeto no lugar de si mesmo. Isso não impede que, levada ao extremo, a lógica do dom tenha como consequência um verdadeiro autossacrifício. Na verdade, se o assassinato é uma ofensa suprema, o suicídio é a "contraprestação suprema", para citar o título de um pequeno artigo publicado um pouco depois do *Ensaio sobre o Dom*, em que Mauss estuda um costume celta que lhe oferece um novo exemplo notável da generosidade ostentadora que caracteriza o *potlatch*.

O costume em questão é descrito por Posidônio de Apameia, geógrafo e filósofo grego do século I antes da nossa era, que trouxe de uma visita aos celtas da Gália

---

[8] Michel Serres, "Apparition d'Hermès: Don Juan". In: *Hermès*, t. I. Paris: Minuit, 1968, p. 234.
[9] Marcel Mauss, 1983, p. 227.

transalpina um testemunho sobre o seu ritual do festim: "Outros na sala de cerimônia, tendo recebido dinheiro ou ouro, – e alguns [entre eles], um número determinado de embarcações de vinho e após ter feito atestar solenemente a doação, e dividir e distribuir em presentes aos seus próximos ou amigos, ficaram estendidos no chão, deitados sobre os seus escudos, – um assistente chegou e cortou a cabeça deles com uma espada". Pois bem, nessa troca em que se paga literalmente com sua cabeça, Mauss vê não só "a instituição gaulesa do *'potlatch'*", mas também o sinal de que "essa instituição atingira nos celtas uma espécie de paroxismo". E ele aproxima o costume gaulês "das admiráveis descrições que a literatura irlandesa oferece abundantemente dos festins heroicos, com múltiplos combates singulares, em particular do famoso festim de Briciu".[10] Aqui, Mauss pensa certamente num episódio preciso d'*O Festim de Briciu*, justamente aquele em que o Estrangeiro pede que lhe cortem a cabeça, correndo o risco de também ter sua cabeça cortada por ele.[11]

Esse desafio lançado pelo Estrangeiro mostra de forma mitológica o autossacrifício recíproco pelo qual se passa da vingança à troca positiva. Pois bem, inverter o ciclo da vingança talvez não seja difícil para quem é dotado da força sobre-humana do gigante. Mas como simples seres humanos fizeram a passagem da vingança à troca? É trocando, afirma Mauss, que os povos encontraram o meio de "se opor sem se massacrar e se dar sem que uns

---

[10] Marcel Mauss, "Sur un text de Posidomus. Le suicide, contre-prestation suprême." In: *Œuvres*, v. 3. Paris: Minuit, 1969 [1925], p. 53, 55.
[11] Sobre esse episódio em particular, Marie-Louise Sjoestedt observa: "É o princípio do *potlatch*, da prestação total da recíproca" (1940, p. 99).

sacrifiquem os outros". Entretanto, não se pode entrar no ciclo das trocas sem sair antes do ciclo da violência. "Para negociar", observa ainda Mauss, "primeiro foi necessário saber deixar as lanças[12] – o momento em que se renuncia a retribuir a violência com a violência – que temos de explicar. Como, na prática, os homens escaparam da influência do princípio "Matar aquele que matou"?

Uma "coisa muito poderosa"

Vejamos como faziam certos guerreiros da África central quando queriam parar uma vendeta. "No sul de Moussey", escreve Igor de Garine, "para fazer a paz, as pessoas de Domo e Berté delegaram um escravo, tendo pouca importância que fosse consumido pela força do sacrifício que manipulava. Ao chegar à fronteira dos dois grupos, ele cortou um cachorro vivo em dois, dizendo: 'Eis aqui *sulukna*, uma coisa muito poderosa, nós sacrificaremos um animal para ti, para que mais ninguém seja morto!'".[13] Bem, o que significa essa palavra *sulukna*? Que força terrível é essa que comanda o destino dos homens? *Sulukna* significa "vingança". É para a própria vingança que a oferenda é feita, o sacrifício serve para pacificar a vingança.

---

[12] Marcel Mauss, *Essai sur le don*. In: *Sociologie et Anthropologie*. Paris: Presses Universitaires de France, 1983 [1923-1924], p. 278-79.
[13] Igor de Garine, "Les étrangers, la vengeance et les parents chez les Massa et les Moussey (Tchad et Cameroun)". In: *La vengeance, v. 1: Vengeance et pouvoir dans quelques sociétés extra-occidentales*. Verdier, Raymond (org.). Paris: Cujas,1980, p. 97.

Para sair da vingança, portanto, esses guerreiros Moussey não a abandonam; pelo contrário, destinam a ela um culto. Recorrem ao culto, ao rito, ao sacrifício, visto que, sendo simples seres humanos, não saberiam inverter o ciclo da vingança sem a ajuda de uma força sobre-humana. De fato, nenhum homem está à altura do desafio. Uma vez desencadeada, a vingança escapa do controle dos homens, ela se perpetua, dissemos, como se fosse dotada de vida própria; enfim, ela é autônoma. E enquanto for autônoma em relação aos homens, priva-os de sua autonomia. O vingador não age por sua própria vontade; ele não tem outra escolha senão matar aquele que matou; ele não é senão o instrumento de uma força que está além dele. É a partir dessa situação que se realiza o rito de paz Moussey.

Mas é pelo próprio fato de identificarem a situação que os Moussey fazem muito mais: *eles a transformam*. Pois, tendo a representação da vingança como uma força que os domina de fora, eles a distanciam, e, distanciando-a, dão um primeiro passo para se libertarem de seu jugo, e com isso já conquistam certo espaço de autonomia. A partir desse momento podem tratá-la como uma força estrangeira. Podem manipular essa força pelo culto que dedicam a ela. Esse culto faz da própria vingança a força sobre-humana capaz de garantir "que mais ninguém seja morto". Dessa maneira, a saída da vingança passa pelo reconhecimento de sua transcendência.

O espírito *sulukna* é a encarnação imaginária de uma exterioridade real. Trata-se, se quisermos, de uma reificação. Mas, mesmo desprovido de qualquer realidade ontológica, esse espírito reificado não produz menos efeitos reais na prática daqueles que nele acreditam. A reificação só reflete uma relação social, ela a transforma de volta, dando aos homens o meio de recuperar um pouco de sua autonomia. Dessa forma, trata-se verdadeiramente de uma "coisa muito poderosa".

Se *sulukna* é o nome específico que os Moussey dão à reificação da reciprocidade negativa, ele também é o protótipo de todos os deuses da violência dotados do poder de conferir a paz ou de eliminá-la, de todos os deuses que defendem a violência dos homens até o Deus bíblico que proclama: "Cabe a mim a vingança, sou eu que retribuirei". É "redirecionando para Deus a violência da qual ele se encarrega", observa Henri Atlan, que os homens podem "se ver como responsáveis pela eliminação da violência [...]. A melhor maneira de se livrar do sagrado da violência no mundo é redirecioná-la na transcendência".[14]

Contudo, essa eliminação da violência não se realiza sem violência. Temos a saída do círculo vicioso da reciprocidade violenta por um ato que é em si violento: o sacrifício.[15] No nosso exemplo de Moussey, *sulukna* não é só aquele que encarna a violência vingativa, é também aquele que comanda a violência sacrificial. Não se ora apenas para esse espírito, sacrifica-se um animal para ele. Dessa forma, se sai do círculo vicioso pela elevação, redirecionando para a transcendência uma última vítima.

---

[14] Henri Atlan, "Violence foundatrice et référent dirin", In: *Violence et Vérité*. Dumouchel, Paul (org). Paris: Grasset, 1985, p. 447.
[15] Lucien Scubla (1999) insiste de forma pertinente no fato de que o sacrifício *contém* a violência, nos dois significados do termo.

Mas o que garante que essa última vítima seja de fato a última, o que permite ao sacrifício dar um fim ao encadeamento que determina que cada assassino seja morto? Desta vez, para que o assassino não seja o próximo a ser morto, é preciso um morto que não seja o último assassino. Em outras palavras, é preciso um morto que não matou. Rompe-se o encadeamento entre assassinos e mortos rompendo radicalmente com a regra "Matar aquele que matou". Deve-se escolher para o sacrifício uma vítima que não seja ela mesma operadora da vingança: por exemplo, o cachorro cortado no meio, ou mesmo o escravo que corre o risco de ser "consumido pela força do sacrifício". Essa nova regra nos dá a fórmula do sacrifício que serve para acabar com a vingança: *Sacrifício = Matar (aquele que não matou)*. Os homens escapam da dominação do princípio "Matar aquele que matou" graças a um processo que obedece ao princípio contrário. Encontra-se a saída da reciprocidade violenta através de uma violência que não é recíproca.

Dar àquele que vai dar

Entretanto, o sacrifício não é estranho a toda reciprocidade. Existe a não reciprocidade no plano da violência, mas o sacrifício é mais do que um ato de violência, ele também é a apresentação de uma oferenda. Pois bem, a oferenda é dada para se obter algo de volta: por exemplo, "que mais ninguém seja morto". Se o sacrifício já não está inscrito num ciclo de reciprocidade, ele se estabelece como a abertura de um futuro ciclo. Portanto, ao contrário da vingança, ele *antecipa* a reciprocidade. Pode-se resumir esse aspecto do sacrifício por uma segunda fórmula: *Sacrifício = Dar para (aquele que vai dar)*. No sacrifício, em vez de matar aquele que matou para estabelecer a reciprocidade, mata-se aquele que não matou para recebê-la: a reciprocidade, desta vez, não da violência cometida, mas da oferenda dada. O sacrifício consiste, afinal, em matar aquele que não matou para dar àquele que vai dar.

Dessa forma, o sacrifício opera a passagem da reciprocidade negativa da vingança para a reciprocidade positiva do dom. Já dissemos: inverter o ciclo da vingança é dar ao outro antecipadamente, e dar ao outro antecipadamente é sacrificar-se para ele. Vê-se melhor agora como o sacrifício já constitui em si o modelo do dom. De fato, a segunda parte da nossa definição do sacrifício também pode servir para definir a lógica que subentende a troca de dádivas: *Troca = Dar para (aquele que vai dar)*. E não significa só que essa troca se baseia numa lógica que coincide em parte com a do sacrifício. Constata-se também que a troca se encontra muitas vezes na prática calcada de forma muito explícita no modelo do sacrifício.[16] Dessa forma, *potlatch* é um fenômeno "religioso, mitológico e xamanístico", escreve Mauss, "visto que os chefes que se envolvem nele representam, encarnam os ancestrais e os deuses, usando seu nome, dançando suas danças e possuindo o seu espírito".[17] A respeito dos *potlatch* Tlingit e Haïda, Mauss chega a falar de uma

---

[16] Como já mostramos de maneira detalhada nos dois artigos (Mark R. Anspach, 1984 *a* e *b*).
[17] Marcel Mauss, 1983, p. 204; cf. também p. 166.

"confusão dos dois princípios do sacrifício e do dom":
"Dar aos vivos é dar aos mortos".[18]

Na troca de dons, é o destinatário humano que ocupa o lugar do espírito ou do deus de quem se espera receber de volta. O que se espera receber são evidentemente objetos iguais ou superiores em valor àqueles que são dados. Porém, o bem mais precioso que se recebe dos parceiros humanos na troca é o mesmo que aquele que os Moussey solicitam do espírito *sulukna* pelo sacrifício: a paz.[19]

A tese de Mauss da troca como meio de "se opor sem se massacrar" foi expressa por Claude Lévi-Strauss nos seguintes termos: "Há uma ligação, uma continuidade entre as relações hostis e o fornecimento de prestações recíprocas: as trocas são guerras pacificamente resolvidas, as guerras são a saída de transações infelizes".[20] Essa fórmula não é inexata, mas requer uma precisão: a continuidade entre violência e troca não poderia ser *direta*. Não se retribui um golpe com um presente. A passagem da vingança ao dom implica que se *deixa* de responder – ou de esperar que o outro responda – ao golpe que foi dado no passado, e que se faça o gesto unilateral de dar um presente pensando no futuro. Nesse sentido, há uma solução de

---

[18] Ibidem, p. 204, n. 3. Sobre a necessidade de compreender as dádivas feitas aos vivos no contexto das relações com os mortos, os espíritos e os deuses, ver Cécile Barraud et al. 1984. Claude Lévi-Strauss (1952) detecta o vestígio dos dons feitos aos mortos mesmo no caso daquelas feitas aos vivos durante as festas de fim de ano no Ocidente.
[19] "Os dons para os homens e os deuses têm também como objetivo comprar a paz com uns e outros", escreve ainda Mauss (1983, p. 168).
[20] Claude Lévi-Strauss, *Les Structures élémentaires de la parenté*. 2ª ed. Paris: Mouton, 1967 [1949], p. 78.

continuidade entre a reciprocidade negativa e a reciprocidade positiva, e é o sacrifício que opera a inversão necessária. A lança deixada de lado para negociar é enfiada na carne de uma vítima cujo corpo será usado como primeira prestação pacífica. Dessa forma, o sacrifício permite passar da reciprocidade violenta para a reciprocidade não violenta mediante uma violência não recíproca.

Isso não quer dizer que todo sacrifício seja preciso no contexto de uma cerimônia de paz, longe disso. Mas o sacrifício que põe fim numa vingança, inaugurando um ciclo de trocas, torna transparente a lógica da relação ternária entre a vingança, o sacrifício e a dádiva. As definições que formulamos partindo dessa lógica aparecerão evidentemente de maneira esquemática se as confrontarmos com a diversidade abundante das práticas empíricas. E como poderia ser de outra maneira? Uma vendeta empírica dificilmente pode se adaptar à lógica pura da vingança sem colocar em perigo a própria sobrevivência de uma sociedade. Portanto, não é surpreendente que os "sistemas vingativos" realmente existentes assumam formas já moduladas pela lógica sacrificial.[21] É preciso ressaltar aqui que a vingança do assassinato nem sempre atinge, como no albanês, a própria pessoa do assassino; em geral é um outro membro do grupo deste último que é morto no ato de revidar. Esse desvio em relação a uma aplicação literal do princípio "matar aquele que matou" representa de fato uma mudança sacrificial da lógica da vingança: um outro é morto no lugar do assassino.

---

[21] Sobre os "sistemas vingativos", ver Raymond Verdier, 1980 e 1992, e, sobre a sua relação com a lógica sacrificial, Mark R. Anspach, 1987 e 1988, e Lucien Scubla, 1992.

Um costume dos chuchki, uma das tribos que praticam o *potlatch*, evidencia particularmente o caráter sacrificial do fato de matar um outro membro do grupo no lugar do assassino. Quando um dos seus comete um crime, os chuchki buscam se antecipar à vingança imolando um membro de sua família. René Girard comenta: "O ato se assemelha ao sacrifício no sentido de que a vítima do segundo assassinato não é culpada do primeiro".[22] Pois bem, isso é verdade até no caso mais frequente em que um membro da família é morto, não pelos seus, mas por seus adversários. Isso quer dizer que é tão fácil encontrar, na vendeta, uma confusão dos dois princípios da vingança e do sacrifício, quanto é constatar, no *potlatch*, a confusão dos princípios do sacrifício e do dom. O sacrifício ocupa uma posição mediadora entre a vingança e o dom, mas a realidade empírica nos apresenta uma gama contínua de práticas em vez de três instituições com fronteiras bem delimitadas.

Cabe a René Girard o mérito de ter identificado a oposição essencial entre vingança e sacrifício. Mas, insistindo exclusivamente nessa primeira relação, sem dúvida fundamental, ele não explora a relação correspondente entre sacrifício e dom. Contudo, a lógica dessa segunda relação transparece até mesmo em sua análise do costume chuchki que acabamos de citar. "Matando um deles", escreve Girard, "os chuchki tomam a dianteira; oferecem uma vítima a seus adversários potenciais, convidando-os assim a não se vingarem [...]".[23] Mas, visto que "tomam

---

[22] René Girard, *La Violence et le Sacré*. Paris: Grasset, 1972, p. 44.
[23] Ibidem, p. 42.

a dianteira" e "oferecem" aos outros a sua vingança antecipadamente, pode-se dizer que os chuchki "dão um presente" para seus adversários potenciais. É exatamente pelo fato de *tomar a dianteira* que o sacrifício dá acesso à reciprocidade positiva do dom.

E, se estivermos de acordo com Girard que diz que o costume chuchki não é um verdadeiro sacrifício, não poderíamos segui-lo quando ele argumenta que uma "imolação propriamente ritual" nunca aparece "como a contrapartida de um determinado ato", como "direta e abertamente ligada a uma primeira efusão de sangue".[24] Pelo contrário, é por meio de verdadeiros sacrifícios rituais, dissemos, que se chega em geral a fechar um ciclo de vinganças – e, é preciso acrescentar, a abrir um ciclo de trocas pacíficas. Pois, como escreve Marcel Mauss, há a obrigação de "se desafiar completamente", ou de "se confiar inteiramente" e "dar tudo": "não há meio-termo".[25] As relações pacíficas não se estabelecem sem a instauração de trocas positivas. Portanto, o sacrifício é um pivô, e não uma conclusão: ele permite sair do círculo vicioso da vingança, fazendo entrar no círculo positivo da troca de dons.

Portanto, não só se sai de um círculo para entrar em outro. Quando se passa da reciprocidade negativa da vingança para a reciprocidade positiva do dom, há simultaneamente uma inversão da orientação temporal e conservação da circularidade. É para marcar ao mesmo tempo a oposição e o paralelo entre vingança e dom que

---

[24] Ibidem, p. 43.
[25] Marcel Mauss, 1983, p. 277.

definimos a troca positiva pelo fato de *dar àquele que vai dar*. Teríamos ficado mais perto da fórmula "matar aquele que matou" se tivéssemos dito: "dar àquele que *deu*". Isso teria se adequado mais à concepção tradicional da troca, que só mantém o paralelo entre as duas formas de reciprocidade apagando a inversão de orientação temporal. Para ver a insuficiência dessa concepção, basta comparar o caso do primeiro ato de vingança com aquele da primeira dádiva. Um primeiro ato de vingança já é uma resposta a uma dádiva anterior.[26] Um primeiro dom, em contrapartida, não poderia ser a resposta a um dom anterior, só pode ser a resposta antecipada a um dom futuro. Não há um primeiro dom sem tomar a dianteira.

Evidentemente, entrando logo num ciclo de trocas já começado – como em todas as concepções estáticas, economista ou estruturalista, que entram na troca sem se preocupar em criá-la –, esquece-se, então, facilmente o problema do primeiro dom. Mas aqui temos outra consideração, baseada, dessa vez, numa conquista do estruturalismo, que nos faz ainda preferir a fórmula que define o destinatário do dom como aquele que *vai* dar. Acontece que, como foi bem demonstrado por Lévi-Strauss, a troca restrita ou a troca direta – quando se devolve o dom de fato àquele de quem se recebeu a dádiva: A dá a B, B dá a A – não é senão o caso limite da troca generalizada, ou indireta, quando A dá a B, B dá a C, C dá a... N, e N

---

[26] Quando um primeiro ato de violência tem como objetivo antecipar-se ao ataque do adversário, ele se mostra antes como a resposta antecipada a uma violência futura; entretanto, se ele conseguir impedir que essa violência futura se reproduza, ele se anula com isso como *vingança* (sobre esse paradoxo, cf. Jean-Pierre Dupuy, 1998).

dá a A.²⁷ A estrutura da troca indireta é explorada de maneira célebre por Arthur Schnitzler em *Reigen*, em que os casais sucessivos nunca são os mesmos, mas onde o encadeamento dos parceiros acaba se concluindo: a prostituta e o soldado, o soldado e a doméstica... o conde e a prostituta. Na troca indireta, sempre há circulação, mas aquele para quem se dá não é aquele de quem se recebe.²⁸ Dessa forma, sem que se dê àquele que acaba de dar, se dá de fato àquele que *vai* dar.²⁹

Entretanto, essa última formulação suscita uma interrogação: *por que* o outro vai dar? Como garantir, de fato, que o destinatário da primeira dádiva por sua vez vai responder, de qual forma? É a inversão da orientação temporal que faz surgir essa questão. Ela não se coloca no caso da vingança, em que o primeiro ato não é realizado para se obter uma resposta. Pelo contrário, o assassino priva sua vítima de toda possibilidade de resposta: aquele que recebeu um golpe mortal não vai dar outro. O assassino não procura ser morto, é o vingador que vai querer que ele pague pelo que fez. O vingador olha para trás, mas não pode anular o passado. Em vez de ressuscitar a vítima, ele se encarrega, por sua vez, de transformar o

---

[27] Luc Racine (1986, p. 106) observa que Marcel Mauss havia previsto essa forma cíclica: "[...] não é preciso que seja a mesma pessoa que dá e devolve, contanto que o ciclo final seja completo", escreve Mauss (1947, p. 106). Sem dúvida, deve-se ler: "que dá e *recebe*".
[28] Nesse caso, Luc Racine (1986, p. 101-02) prefere falar não de troca, mas de reciprocidade, e esta é definida como "o fato de devolver, de maneira diferida ou não, ao doador ou não".
[29] "*Não se dá para receber; se dá para que o outro dê*": é o que é enfatizado, num artigo clássico, por Claude Lefort, citando o exemplo da troca generalizada nas Ilhas Trobriand (1951, p. 1.415).

assassino em vítima. Assim, aquele que deu um golpe vai receber outro, e isso graças à intervenção de uma *terceira pessoa*: o vingador. No caso da troca de dons, o processo é invertido – é aquele que recebeu que deve dar.

Mas onde está a terceira pessoa que se encarregará de transformar o donatário (*donataire*) em doador? Os que fazem as trocas devem "ter plena confiança um no outro", mas evidentemente não se vê muito bem em que reside a confiança. O donatário não tem a liberdade de dar ou não conforme desejar? A própria definição do dom implica a liberdade de resposta; a troca positiva poderia muito bem não ser concluída.

Entretanto, sabe-se que os presentes circulam. O problema é explicar por quê. O que complica a situação, principalmente no caso da troca direta, pelo fato de que toda explicação determinista unívoca coloca em questão a definição de partida. Tratando-se de um dom, como o donatário poderia ser *obrigado* a devolvê-lo? E se o donatário é obrigado a devolvê-lo, como poderia ser um *dom*? No próximo capítulo, vamos explorar esse novo círculo vicioso. Tendo visto como se escapa do círculo da vingança pelo dom, resta-nos descobrir se ele escapará da vingança do círculo.

capítulo 2
dom e contradom

> *A força religiosa não é senão o sentimento que a coletividade inspira a seus membros, mas projetado para fora das consciências que o sentem e objetivam. Para objetivar-se, ele se fixa num objeto que se torna assim sagrado; mas todo objeto pode desempenhar esse papel.*
> Émile Durkheim

> *É como se todas essas [...] coisas preciosas e esses objetos de uso, esses alimentos e essas festas, esses serviços de todos os tipos, rituais e sexuais, esses homens e essas mulheres, estivessem presos num círculo [...].*
> Marcel Mauss

> *E os agentes de circulação tremem diante do mistério impenetrável de suas próprias relações.*
> Karl Marx

A magia do dom

O dom é o ato generoso por excelência. Aquele que dá deve ser recompensado por sua generosidade.

Mas aquele que espera ser recompensado por sua generosidade é generoso?

A generosidade deveria ser espontânea. A exigência da reciprocidade parece levar, portanto, a um "duplo vínculo" (*double bind*) do tipo que surge cada vez que se torna obrigatório um comportamento de natureza espontânea. Por um lado, um presente é, por definição, gratuito. Por outro, o doador pode esperar que se reconheça seu gesto com um gesto recíproco, ou seja, dando outro presente. Mas a estrita reciprocidade é impossível, visto que o presente que se dá de volta, a não ser que não pareça mais uma retribuição, não terá a espontaneidade do presente inicial. Mas o problema não é só que o segundo presente não terá a espontaneidade do primeiro; significa também que a espontaneidade do primeiro presente será desautorizada pela apresentação do segundo presente. Reconhecer um presente devolvendo-o não significa destruí-lo como tal?

Esse paradoxo do dom é como a imagem invertida do paradoxo da vingança. Quando se mata aquele que matou, o próprio ato que elimina o assassino cria um novo assassino. Mas, quando se dá àquele que deverá dar, o ato que deve criar um novo doador parece eliminar até mesmo o primeiro, na qualidade de realizador de *dádiva*. A vingança perpetua-se indefinidamente pelo fato de nunca anular o assassinato; a troca de dádivas parece ser impossível de ser feita, pois o dom e o contradom ameaçam anular-se mutuamente.

Na verdade, evidentemente, não só a troca de dons se faz, como também se perpetua como a vingança. O duplo vínculo do dom é, portanto, pelo menos no caso arcaico, totalmente teórico. Se o círculo vicioso da vingança reside no próprio fenômeno, o do dom, como veremos, se manifesta de preferência no plano da interpretação. Mais feliz do que a vingança por suas consequências reais, a troca de dons se mostrou curiosamente mais viciada do ponto de vista da teoria.

De fato, a tensão entre a exigência de reciprocidade e a ideia de dom preocupa os teóricos da troca arcaica desde Mauss, que adotou como tema do *Ensaio sobre o Dom* "o caráter voluntário, por assim dizer, aparentemente livre e gratuito, e, no entanto, impositivo e interessado dessas prestações". E se reconhecermos na gratuidade do dom só esse amálgama de "ficção, formalismo e mentira social" que Mauss[1] de fato aponta, seremos levados a reduzir o ritual que envolve a troca arcaica a uma versão particularmente pitoresca dos "ritos" de gentileza modernos – suscetíveis de criar um mal-estar que se atribui ao duplo vínculo que acabamos de formular.

Limitando-nos a esse nível de análise, seguiríamos o exemplo desses autores que, segundo Jean-Pierre Dupuy, apresentam os "selvagens" como "pequeno-burgueses hipócritas, hábeis na dissimulação de sua 'pressa de se verem livres, de não deverem nada' sob as vestes de uma cortesia de boa qualidade e de um desprendimento forçado".[2] Mas confundir dessa maneira o dom arcaico e moderno é parar na questão: se o donatário deve dar de volta, como é possível que se trate de um dom? – em detrimento dessa outra questão, também importante aos olhos de Mauss: trata-se de uma dádiva, como ter certeza de que o donatário retribuirá?

Para Mauss, essas duas questões eram inseparáveis. Se seus sucessores as separaram é porque responderam à primeira questão como se esta fosse puramente retórica: "Como se

---

[1] Marcel Mauss, op. cit., 1983, p. 147.
[2] Jean-Pierre Dupuy, *Introduction aux sciences sociales. Logique des phénomènes collectifs*. Paris: Ellipses, 1992*a*, p. 247.

pode tratar de um dom? Isso não é possível!". Por conseguinte, a outra questão se torna supérflua, como se mostra para Lévi-Strauss. Mas Mauss leva a sério a ideia de dom. Segundo ele, a questão retórica seria antes a seguinte: "Se déssemos ao outro antecipadamente, sem poder contar com a ajuda de uma força mágica, como poderíamos ter certeza de que o donatário iria retribuir?". Resposta: "Não poderíamos!". Essa é a razão pela qual Mauss afirma de antemão a existência de uma força mágica que reside na dádiva e que sua pesquisa tentará identificar: "*Que força existe na coisa que se dá que faz com que o donatário a devolva?*".[3]

Essa "força", Mauss a encontrará no *hau*, o espírito do dom dos maoris da Nova Zelândia. Animado por essa força mágica, o próprio objeto (*taonga*) se torna aquele que cuida da obrigação de devolver: "Aquilo que, no presente recebido, trocado, obriga", diz Mauss, "é que a coisa recebida não seja inerte. Mesmo abandonada pelo doador, ela ainda é algo dele. [...] Pois o *taonga* é provido do *hau* da sua floresta, da sua terra, do seu solo [...]". Portanto, é esse "poder espiritual", o *hau* do objeto dado, que se encarrega de transformar o donatário em doador: "O senhor me dá um, eu o dou a um terceiro; este me devolve um outro, porque ele é levado pelo *hau* do meu presente; e eu sou obrigado a lhe dar essa coisa, porque é preciso que eu lhe devolva o que na verdade é o produto do *hau* de sua *taonga*".[4]

Porém, a maioria dos comentaristas seguiu Claude Lévi--Strauss, rejeitando a análise de Mauss embora ela seja

---

[3] Marcel Mauss, op. cit., 1983, p. 148.
[4] Ibidem, p. 159.

capital. Lévi-Strauss sugere que Mauss "se deixa mistificar", tentando explicar a troca por uma virtude que não poderia ser "senão o próprio ato da troca, tal como o pensamento indígena o representa". O argumento de Lévi-Strauss acaba acusando Mauss de invocar uma "virtude adormecedora", como os escolásticos que Molière ridiculariza. Da mesma maneira que se dormiria através de uma "virtude adormecedora", as trocas se fariam através de uma "virtude que força as dádivas a circularem"... Seguindo os pensadores indígenas numa análise desse tipo, Mauss teria caído numa circularidade lógica ruim – o raciocínio circular: "[...] encontramo-nos fechados num círculo", constata Lévi-Strauss. Para sair desse círculo, seria preciso então esquecer o *hau*, simples "forma consciente a partir da qual homens de uma determinada sociedade [...] apreenderam uma necessidade inconsciente cuja razão se encontra em outro lugar". Em outras palavras, o *hau* não é senão uma reificação gratuita da troca, essa "síntese imediatamente dada ao pensamento simbólico e através dele".[5]

De nossa parte, diremos que o *hau* é uma reificação da troca, mas estamos menos convencidos de que essa reificação seja gratuita. No capítulo anterior, lidamos com outra reificação do mesmo tipo, a da reciprocidade negativa encarnada pelo espírito *sulukna*, e observamos que essa reificação só refletia a relação social em questão: ela a transformava. Tentemos levar um pouco mais

---

[5] Claude Lévi-Strauss, "Introduction à l'œuvre de Marcel Mauss". In: Mauss, M., *Sociologie et Antropologie*. Paris: Presses Universitaires de France, 1983 [1950], p. XXXVIII-XXXIX, XLVI.

adiante a análise do espírito da vingança para ver se é possível tirar lições a respeito do espírito do dom.

Reconhecer o que não se deve reconhecer

Como o espírito da vingança permite sair do círculo vicioso das represálias? De fato, os homens se fecham nele enquanto a violência vingadora se apresenta como imanente a seu operador humano, o vingador. Enquanto se responde à vingança matando o último vingador, o círculo vicioso se perpetua. Não se pode suprimir a violência, suprimindo o indivíduo portador de violência, pois a violência, a vingança, não residem nos indivíduos, mas na *relação* que se estabelece entre eles. Isso quer dizer que ela se situa num *nível lógico diferente* daquele dos indivíduos.

O círculo vicioso da vingança, demonstração do imperativo de se vingar no vingador, reside na confusão de níveis intrínseca a uma operação que se realiza em seu próprio operador. O resultado, vimos, é uma oscilação indefinida. Para parar esse vaivém da violência, é preciso fazer com que ela passe para um plano superior. Reconhecendo a transcendência da vingança na forma de espírito, se sai do círculo vicioso por cima.

E a troca de dons? Trata-se desta vez de um círculo vicioso, não na realidade das sociedades arcaicas, mas na teoria moderna dessas sociedades. De fato, são os pensadores modernos que se perguntam como um dom obrigatoriamente pode continuar sendo um dom. E essa questão é pertinente no caso do dom moderno, que parece de fato portadora de um imperativo paradoxal suscetível de mergulhar um donatário sensível demais numa oscilação indefinida: tratando-se de uma dádiva, é preciso devolvê-la, mas, se é preciso devolvê-la, não é um dom... Em vez de se manifestar numa interação repetitiva, a oscilação dessa vez é do tipo que paralisa a interação: aquele que é característico do duplo vínculo. Mas o problema é sempre dar um fim à oscilação saindo do círculo vicioso e, para que isso seja possível, precisamos novamente tentar uma análise em termos de níveis lógicos.

Há pouco sugerimos que o duplo vínculo provém do caráter paradoxal do reconhecimento: o contradom pelo qual se deve reconhecer o dom vai destruí-lo como dom. *Reconhecer o que não se deve reconhecer*: esse é o imperativo paradoxal imposto pelo doador. Esse imperativo se deixa analisar à maneira de Bateson, como o produto de uma contradição entre uma primeira mensagem e uma metamensagem. A primeira mensagem, "Eu lhe dei um presente", requer que seja reconhecida por seu conteúdo generoso. A metamensagem está na forma do reconhecimento esperado: é preciso dar um novo presente – o que, no contexto do problema tal como acabamos de formular, seria impossível de ser feito sem desobedecer à primeira mensagem.

A troca moderna de dons só coloca em jogo duas pessoas, e o paradoxo se deve ao fato de que as duas mensagens que se encaixam contraditoriamente vêm de uma única fonte: o doador. Para sair do duplo vínculo, é preciso sair de um quadro restrito. Mas, a análise de Mauss revela precisamente como a troca arcaica sai disso: graças à presença de um "terceiro", o espírito do dom. Nesse novo jogo a três, a obrigação de devolver está sempre presente, mas esta não é mais imposta pelo doador: o donatário, nos diz Mauss, "é levado pelo *hau* do presente", e o *hau* do presente diz: "Dê-lhe então um outro presente".

Dessa forma, quando se leva a sério a "força" que Mauss identificou na coisa que se dá, constata-se que o duplo vínculo desaparece... como num passe de mágica. É que a obrigação de dar de volta não se apresenta mais como imanente ao donatário humano: "No fundo", diz Mauss, "é o *hau* que quer voltar [...]".[6] Reificada na forma de espírito, a obrigação passa para um nível superior, e a oscilação entre a mensagem de generosidade e a exigência de reciprocidade é interrompida. A reificação não é gratuita, pois é graças a ela que a gratuidade do dom pode ser protegida no plano dos indivíduos. O espírito que se encarrega da metamensagem encarna o metanível da relação. Ao reconhecer a transcendência desta na forma de espírito, sai-se do círculo vicioso pelo *hau*.

É a passagem para o metanível, em suma, que abre o caminho para uma resolução simultânea das duas questões: sendo um dom, como se pode ser obrigado a devolvê--lo? Levar em conta o espírito do dom permite não só responder à primeira pergunta, mas também ultrapassar a segunda. Portanto, Mauss tem razão duplamente ao insistir na importância da crença indígena no *hau*. Mas de igual modo Lévi-Strauss tem razão ao dizer que não é

---

[6] Marcel Mauss, op. cit., 1983, p. 160.

possível se limitar a isso. Se devemos reconhecer na crença indígena um lugar decisivo na prática indígena, não podemos nos restringir a essa crença como se ela constituísse em si uma resposta última. Isso significaria erigir o que é uma transcendência para os indígenas numa instância explicativa transcendente para nós. A invocação da crença numa entidade que é transcendente em relação aos homens não constitui senão uma primeira resposta, visto que ela implica, por sua vez, novas questões. De onde vem a crença? De onde vem a transcendência?

"O enigma do terceiro"

Para responder a essas últimas questões, será preciso ampliar o contexto do problema indo além do trio composto por dois promotores humanos da troca mais o espírito. Com seu artigo "O enigma do terceiro", Dominique Casajus nos coloca numa nova pista, fazendo com que observemos um "terceiro", que é diferente de nós. O terceiro, dessa vez, é perfeitamente imanente, um verdadeiro homem de carne e osso. Casajus procura resolver um enigma que incomodou durante muito tempo os leitores de *Ensaio sobre o Dom*: por que o informador maori citado por Mauss escolheu introduzir um terceiro promotor da troca na explicação do *hau?*

"Suponhamos que vocês tenham um determinado artigo (*taonga*) e que vocês me deem esse artigo [...] sem preço determinado", diz o sábio maori. "Porém, eu dou esse artigo a um terceiro que, depois de decorrido certo tempo, ele decide dar algo de volta como pagamento (*utu*), ele me dá algo de presente (*taonga*). Mas esse *taonga* que ele me dá é o espírito (*hau*) do *taonga* que eu recebi de vocês e que dei a ele." Conclusão: "Os *taonga* que recebi por esses *taonga* (de vocês), é preciso que eu os devolva a vocês [...] pois são um *hau* do *taonga* que vocês me deram". Aqui temos um texto "surpreendentemente claro às vezes", comenta Mauss, e que "só tem um aspecto obscuro: a intervenção de um terceiro".[7]

De fato, se a intenção é querer dizer que quando A dá a B, o *hau* obriga B a fazer um contradom a A, por que não dizer isso simplesmente? Por que fazer intervir um terceiro, C, para quem B entrega o que recebeu de A e que vai dar de volta outra coisa para B que B, por sua vez, vai dar para A? Isso não significa complicar a história inutilmente? A introdução desse terceiro parece totalmente *gratuita*...

Mas só é gratuita se partirmos do pressuposto moderno segundo o qual toda troca é uma transação entre dois indivíduos. Casajus propõe uma mudança de perspectiva: o que está em jogo na explicação indígena é menos uma transação individual do que a circulação dos objetos na sociedade. Porém, do ponto de vista de um determinado indivíduo, essa circulação é composta pelo fluxo de bens sucessivos dos quais ele participa. A encenação concebida pelo informador maori tem como objetivo compreender a necessidade imperativa de respeitar esses fluxos. Se o fluxo num sentido é seguido por um fluxo no outro, o indivíduo não deve se opor a isso.

---

[7] Ibidem, p. 158-59.

Essa perspectiva sobre a obrigação de devolver é insólita, uma vez que dota os próprios bens de subjetividade, mas é justamente o que a torna coerente com o fato de que, longe de serem objetos inertes, os bens em questão são animados pelo *hau*. Para o indivíduo que se encontra no meio de um desses fluxos, escreve Casajus, o *hau* representa "a imperiosa necessidade de não interromper esse fluxo já que ele é a volta de um outro fluxo".[8]

Contudo, se aceitarmos essa interpretação do *hau*, o enigma da terceira pessoa se dissolve de forma tão mágica quanto o nosso duplo vínculo há pouco. Pois, tendo tomado como ponto de partida não uma troca entre dois indivíduos, mas o conjunto dos fluxos que constituem a circulação global, percebe-se que o narrador maori, ao atribuir para si a posição de B, se colocou simplesmente no meio de um desses fluxos: "Na realidade, não há um 'terceiro'", constata Casajus, "mas duas pessoas que são, cada uma por vez, uma mais distante e outra mais próxima de B. O informador não acrescentou um terceiro a um par; ele encontrou no início uma pessoa, B, depois adicionou um par". Vista dessa forma, a encenação não é senão lógica; afinal, para cada indivíduo, o fluxo de bens "parece vir e ir para outros indivíduos".[9]

Em vez de se situar no contexto de uma troca recíproca limitada a dois indivíduos, o narrador nos oferece uma percepção local sobre uma circulação geral da qual participa uma multiplicidade de operadores da troca.

---

[8] Dominique Casajus, "L'énigme de la troisième personne". In: Différences, Valeurs, Hérarcline. Galey, Jean-Claude (org.). Paris: Editions de l'École des Hautes études en sciences sociales, 1984, p. 70.
[9] Ibidem, p. 69-70.

A presença de pelo menos três parceiros é necessária para ampliar o contexto da história para esse horizonte social. Como diz Cornelius Castoriadis num outro contexto, "é que enquanto só existirem dois, não há sociedade. Deve haver um terceiro para romper esse face a face".[10]

Pois bem, primeiro evocamos um "terceiro" extra-humano para romper o face a face opressivo entre o doador e o donatário, e depois introduzimos o "terceiro" humano elucidado por Casajus. Como o narrador maori, vemo-nos agora com um de cada lado. É preciso escolher entre os dois? Tentemos antes fazer com que se encontrem aprofundando a análise um pouco mais em cada caso.

Comecemos pelo argumento de Casajus. Embora sua interpretação seja divergente da de Lévi-Strauss, ele segue o mesmo caminho dizendo que o *hau* "não explica a coerência" dos fenômenos de troca em questão, mas "só a expressa".[11] Entretanto, ao dar relevância aos fluxos de dádivas mais do que às transações individuais, a análise de Casajus não resolve o nosso problema de saber o que garante a volta, só o desloca. O problema agora é descobrir de onde vem a necessidade imperiosa de não interromper um fluxo de volta. E aqui é preciso retomar a crença no *hau*.

Retomemos a explicação desse conceito que Mauss cita para o informador maori. "Os *taonga* que recebi por esses

---

[10] Cornelius Castoriadis, *Domaines de l'homme. Les carrefours du labyrinthe*, t. II. Paris: Le Sevil, 1986, p. 45-46.
[11] Dominique Casajus, op. cit., 1984, p. 70.

taonga (vindos de vocês) [...] são um *hau* do *taonga* que vocês me deram. Se eu conservasse esse segundo *taonga* para mim, poderia acontecer algo ruim comigo, de verdade, até mesmo a morte. Esse é o *hau*, o *hau* de propriedade pessoal, o *hau* dos *taonga*, o *hau* da floresta."[12]

Se interrompo esse fluxo que é o retorno do primeiro fluxo, algo de ruim poderia acontecer comigo, até mesmo a morte. Esse é o *hau*... Não menos do que o espírito da reciprocidade negativa, o da reciprocidade positiva é uma "coisa muito poderosa". E, num certo sentido, *é a mesma coisa:* deve-se conciliar o *hau* para não ser morto, para não ficar sob o jugo da vingança. Em outras palavras: para não percorrer no sentido contrário o caminho que vai da vingança ao dom. Não se interrompe a boa circulação sem correr o risco de se ver na má. A esse respeito, deveríamos evidenciar o duplo sentido da palavra *utu* que o informador maori emprega para designar o que C devolve para B como "pagamento". Mauss assinala numa nota que, entre outras coisas, a "palavra *utu* é usada para a satisfação dos vingadores do sangue". Dom contra Dom ou golpe contra golpe, a mesma palavra se aplica. E da mesma forma que um assassino deixa a troca de golpes dando um presente, um donatário que deixa a troca de presentes vai receber um golpe. O *hau* se encarregará disso...

Pelo menos é nisso que os maoris acreditam. Mas, uma vez mais, por que confiam no poder de um espírito imaginário? Para compreender as razões de sua crença,

---

[12] Marcel Mauss, op. cit., 1983, p. 158-59.

primeiro é preciso considerar o paralelo entre o "*hau* dos *taonga*" e o "*hau* da floresta". Pois o sábio maori só fala do primeiro para explicar melhor os deveres que existem em relação a este último. Ele usa a obrigação de volta na troca de dádivas para esclarecer outra obrigação ritual, a de oferecer ao espírito da floresta as premissas da caça aos pássaros, "para que o *hau* dos produtos da floresta [...] possa retornar novamente à floresta". Dessa forma, como observa Marshall Sahlins, o trecho de etnografia neozelandesa que se tornou célebre graças a Mauss na verdade é o "comentário explicativo da descrição de um rito sacrificial".[13] Porém, a oferenda dos produtos da caça busca obter o *hau*, princípio de vitalidade e de fecundidade da floresta, cuja abundância ele continua a garantir com pássaros.

Restituída em seu contexto, portanto, a narração sobre o espírito do dom sugere por analogia que a contradom é necessária para se ter certeza de que se continua a ter o benefício da abundância produzida pelos ciclos de troca ritual.[14] O donatário que falta com sua obrigação de dar de volta é cortado dessa fonte mágica de vitalidade. É nesse sentido que ele sofre um golpe – ou melhor, um custo – potencialmente fatal. Compreendida dessa forma, a oferenda do contradom para ser compatível com o *hau* se mostra como a operação sacrificial por meio da qual

---

[13] Marshall Sahlins, *Age de pierre, Age d'abondance*. Jolas, Tina (trad.). Paris: Galhinard, 1976, p. 209.

[14] Há uma crença semelhante nas sociedades do nordeste da Sibéria e do oeste do Alasca onde, segundo Mauss, as trocas entre os homens "homônimos dos espíritos" incitam os espíritos, os deuses e a natureza a serem generosos: "A troca de presentes produz a abundância de riquezas, explica-se" (1983, p. 164-65).

se permanece no círculo da reciprocidade positiva e se foge das represálias.

Contudo, mesmo que essas represálias fossem atribuídas a um espírito imaginário, estaríamos errados subestimando sua verdadeira extensão. Pois a abundância produzida pela troca ritual é perfeitamente real, como observa Jonathan Parry: "Que a *própria* troca seja fértil e favoreça o crescimento deve ter parecido uma evidência para os maoris, dado que o dom normalmente produz uma mais-valia, a qual aumenta circulando". Dessa maneira, não devolvendo o dom de A,

> "desviando o *hau*", B destruiria a fonte de sua própria produtividade e vitalidade, e sucumbiria portanto à bruxaria ou ficaria doente e morreria de uma outra maneira. Uma vez mais, a experiência prova a teoria, pois aquele que está em falta nessas trocas deixará de ser um parceiro aceitável, e será excluído dessa fonte aparentemente mágica de crescimento e produtividade.[15]

Em outras palavras, o *hau* não é senão uma reificação da própria circulação dos dons. E, com isso, descobre-se que os nossos "dois terceiros" representam uma única coisa: da mesma maneira que o "terceiro" desconstruído por Casajus, o *hau*, na análise de Parry, remete aos fluxos contínuos das trocas.

---

[15] Jonathan Parry, "*The Gift*, the Indian Gift and the 'Indian Gift'". Man, v. 21, n. 3, 1986, p. 465-66.

Causalidades circulares

Essa última conclusão, contudo, parece colocar em questão a conclusão anterior. Pois, se afinal de contas o *hau* não é senão o próprio ato da troca, a existência desse espírito não seria, então, supérflua? Parece que nos aproximamos novamente do ponto de vista de Lévi-Strauss – como se estivéssemos presos numa *oscilação* entre a sua posição e a de Mauss...

O raciocínio de Lévi-Strauss merece ser visto mais de perto. Como interpretar, ele pergunta, essa "virtude" que, segundo Mauss,[16] "força os dons a circularem, a serem dados e devolvidas"? Ela não poderia existir "objetivamente, como uma propriedade física dos bens trocados", muito menos quando "os bens em questão não são só objetos físicos, mas também dignidades, cargos, privilégios". Porém, se concebermos, então, a virtude subjetivamente, "nos vemos diante de uma alternativa: essa virtude não é senão o próprio ato de troca, tal como é representado pelo pensamento indígena, e nos encontramos presos num círculo; ou ela tem uma natureza diferente, e em relação a ela, o ato de troca se torna então um fenômeno secundário".[17]

Mas, ele continua, ao contrário, é "a troca que constitui o fenômeno primitivo, não as operações discretas" – dar, receber, devolver – em que a vida social o decompõe". E ele devolve contra Mauss um preceito que "ele próprio já

---

[16] Ver Marcel Mauss, 1983, p. 214.
[17] Claude Lévi-Strauss, op. cit., 1983, p. XXXVIII.

havia formulado em *Ensaio sobre a Magia*: 'A unidade do todo é ainda mais real do que cada uma das partes'". Infelizmente, conclui Lévi-Strauss, "no *Ensaio sobre o Dom*, Mauss se obstina a reconstruir um todo com partes, e como é nitidamente impossível, ele tem de acrescentar à mescla uma quantidade suplementar": o *hau*, justamente.[18]

Resumamos. Ou, nos diz Lévi-Strauss, é a troca que já é em si o fenômeno primitivo – a virtude da coisa dada não é senão a própria troca – e explicar a troca por essa virtude seria explicá-la por ela mesma: acabaríamos dessa maneira num raciocínio circular. Ou seria preciso determinar que a troca é secundária em relação às operações individuais de dar e devolver pautadas pelo *hau*: mas essa explicação inverteria a hierarquia real, em que o todo é necessariamente transcendente em relação a seus componentes individuais. Conclusão: não há lugar para o *hau*.

Entretanto, mesmo desprovido de existência objetiva, o *hau* exerce um poder real pela crença subjetiva que ele inspira, portanto, é difícil reduzi-lo a uma "virtude adormecedora". Explicar que o fumante de ópio dorme graças a uma virtude adormecedora é como revelar que o Senhor Jourdain fala em prosa: só se colocou um nome no que o interessado de qualquer maneira já faz.[19] Não é sob a motivação da virtude adormecedora que o fumante de ópio dorme. Em compensação, a ameaça de ser sanciona-

---

[18] Ibidem.
[19] Alusão ao personagem da comédia de Molière *Le Bourgois gentilhomme*. O Senhor Jourdain é um burguês, pouco inteligente, mas que deseja ser visto como um cavaleiro aristocrata. (N.T.)

do pelo *hau* oferece um motivo real ao ato de devolver. Como dar lugar a essa quantidade adicional que apesar de tudo parece necessária?

A alternativa formulada por Lévi-Strauss opõe uma *circularidade* viciosa a uma *hierarquia* invertida. Pois bem, há uma terceira possibilidade: a de uma *hierarquia circular,* mas não viciosa, entre a troca como unidade transcendente e as operações individuais que a constituem. Por um lado, o fato de a troca, na qualidade de relação, ser transcendente em relação às operações discretas de dar, receber e devolver não impede que, por outro, a existência da troca dependa do bom desenrolar dessas mesmas operações. Por mais transcendente que seja, a circulação global não é imposta aos homens de cima: ela emerge de sua interação através de um processo de *auto-transcendência* (*auto*-transcendance).

A transcendência do todo, na qual insiste Lévi-Strauss, não dispensa a construção desse todo, como queria fazer Mauss. E a construção requer que se acrescente à mescla essa quantidade adicional que é o *hau*. Mas é preciso interpretar este último à maneira tanto de Mauss quanto de Lévi-Strauss: como reificação da troca e como virtude que força as dádivas a circularem. Se, em nossas análises, fôssemos pegos numa oscilação entre as posições de Mauss e de Lévi-Strauss, isso significaria que essas posições representam duas causalidades unívocas que têm a particularidade de ser cada uma tão justa quanto a outra, ao mesmo tempo que é o contrário da outra. Não há troca sem o *hau,* diz Mauss; não há *hau* sem troca, retruca Lévi-Strauss. A solução consiste em reconhecer que as duas causalidades contrárias são na verdade complementares: a troca se baseia na crença individual no *hau*, crença que decorre, por sua vez, do fenômeno coletivo da troca. Deixamos a oscilação entre as duas causalidades unívocas, reconhecendo a presença de uma causalidade circular.

De fato, para ser o mais preciso possível, seria necessário inclusive reconhecer a presença de *dois* tipos de causalidade circular funcionando. Acabamos de descrever a causalidade circular que liga os dois níveis de nossa análise: um primeiro nível em que se desenrolam as operações discretas entre os atores, e o metanível onde se encontra o terceiro que encarna a troca enquanto tudo transcendente. Mas poderíamos alegar que esse terceiro transcendente deve sua existência mais precisamente ao fato de que as próprias operações constitutivas da troca estão ligadas entre si por uma causalidade circular situada no primeiro nível. Essa última ideia, Georg Simmel a expressou com uma clareza extraordinária[20] nas seguintes frases publicadas no início do último século: "A troca não é a soma de dois processos: dar e receber é um terceiro processo que surge quando, de forma totalmente simultânea, os dois primeiros se tornam mutuamente causa e efeito".[21]

Mas essa causalidade circular traz problemas à medida que se desenrola no tempo. Como esses processos podem

---

[20] Ainda mais extraordinário porque acabava de negar de maneira clara também, algumas páginas antes, que se pode considerar a troca um fenômeno dotado de existência própria, e não o simples somatório desses atos discretos que a constituem (Georg Simmel, 1987, p. 55).
[21] Georg Simmel, *Philosophie de l'argent*, trad. Sabine Cornille e Philippe Ivernel. Paris: Presses Universitaires de France, 1987 [1900], p. 66.

ser simultaneamente causa e efeito se justamente não são simultâneos? Na troca de dons, o fato de receber, o fato de retribuir não têm praticamente a simultaneidade dessas transações de alta tensão que Jean-Pierre Dupuy gosta de evocar, nas quais cada um teme o pior: o pagamento de um resgate por um sequestrado, ou uma troca de espiões na fronteira de dois países inimigos.

A troca de dons exige que se ultrapasse a falta de confiança que bloqueia as transações entre inimigos. O segundo dom só pode ser a causa do primeiro se o primeiro doador puder acreditar que a dádiva futura de fato ocorrerá. Mas, depois que se dá o primeiro presente, o que garante que o donatário por sua vez vai retribuir? No fim do capítulo anterior, associamos esse problema à inversão de orientação temporal que implica a passagem da vingança à reciprocidade positiva. A partir daí se vê que essa inversão temporal está ligada a um problema mais geral, o da causalidade circular das relações sociais que implicam uma aposta no futuro. O *hau* é o veículo da causalidade circular que caracteriza a relação de troca.

Se o problema do *hau* levou-nos a estudar o caso da troca direta, a figura do círculo se mostra de maneira ainda mais clara no da troca indireta, ou generalizada. Lembremos que nesse tipo de troca A dá a B, que, em vez de lhe devolver uma dádiva, dá uma nova dádiva a C. É somente C (D, ou *N*...) que vai fechar o círculo, dando a A. Dessa maneira, A dá a B porque B dá a C porque C dá a A... Nas *Estruturas Elementares do Parentesco*, Lévi--Strauss ressalta que a participação num sistema desse tipo supõe que o grupo "está pronto, no sentido mais amplo do termo, a *especular*". É uma aposta: para ganhar é necessário "assumir o risco inicial"; sempre há "um elemento de confiança que interfere; é preciso ter confiança que o ciclo se fechará". Em outras palavras, para explicar como os participantes constroem o sistema circular que os une, o próprio Lévi-Strauss faz intervir um tipo de *quantidade suplementar,* a confiança ou crença: "A crença funda a confiança".[22]

Devemos lembrar que a preocupação de levar em conta a troca indireta foi uma das razões que nos levaram a definir a troca como o fato de dar, não àquele que *deu,* mas àquele que *vai* dar. Essa formulação reconhece que nem sempre há retorno direto e coloca a ênfase mais na orientação temporal, voltada para o futuro. Porém, vimos, essa orientação temporal implica sempre uma aposta, de tal forma que o problema da confiança se coloca até mesmo para a troca direta. A confiança baseia-se então na crença no *hau.* Mas a intervenção do *hau* significa que, num certo sentido, *nunca* há retorno rigorosamente direto. Pois, mesmo no caso da troca que se chama direta, a volta não é garantida pelo donatário sem mediação: ela passa pela força que anima a coisa.

"Os dons circulam [...] com a certeza de que serão devolvidas, tendo como 'garantia'", diz Mauss, "a virtude da coisa dada que é em si essa 'garantia'."[23] Virtude viciosa? Tentamos demonstrar o contrário. Essa virtude mágica não é do tipo "adormecedora" atribuída ao

---

[22] Claude Lévi-Strauss, op. cit., 1967, p. 305. Como observa Charles Malamoud, "'confiança' e 'crença' são, para a etimologia, duas variantes da mesma palavra" (1991, p. 591-92).
[23] Marcel Mauss, op. cit., 1983, p. 198-99.

ópio. Ela se assemelha mais à virtude estimulante do tabaco de Sganarello, aquela que incita a dar ao outro *antecipadamente*. E se essa virtude é uma espécie de "terceiro" que encarna a circulação geral, que diferença há então em relação à troca generalizada? Esta se define justamente pelo fato de que A espera seu retorno, não de B, mas de C (ou de *N*) – ou seja, um terceiro que não é senão um retransmissor da circulação geral...

Na realidade, há uma ideia de que é sempre do circuito global que se deve esperar a volta. E do ponto de vista do circuito global, não há volta, só há busca da troca. Em última análise, há trocas para trocar, não para ter um retorno. *Trocar por trocar,* essa é, sem dúvida, uma lógica circular, mas é só entrando no círculo positivo que se sai definitivamente dos diversos círculos viciosos. Devemos, portanto, tentar ultrapassar a problemática da retribuição.

Da rodada de cerveja às costas viradas

Para os aborígenes da Nova Zelândia, a autotranscendência da circulação social se encontra no *hau*. Graças ao *hau,* o grupo está presente mesmo nas trocas que ocorrem entre dois indivíduos. Também se pode imaginar um sistema em que as trocas são intermediadas diretamente pelo grupo em seu conjunto, sem a intervenção de forças mágicas. Bruce Kapferer dá-nos o exemplo desse sistema entre os habitantes não aborígenes da Austrália moderna, e mais particularmente entre os homens que se consideram companheiros ou "amigos" (*mates*). No "princípio de reciprocidade" que comporta, segundo Kapferer, sua ética de camaradagem (*mateship*), veremos um dilema conhecido.

Kapferer diz-nos, por um lado, que o "amigo perfeito dá de maneira desinteressada" – portanto, espontaneamente, sem pensar na retribuição – mas, por outro lado, especifica que "se deve dar o equivalente do que se recebe. A ênfase é colocada na reciprocidade equilibrada". Porém, esses imperativos aparentemente contraditórios são reconciliados na instituição em que a exigência de reciprocidade é "o que fica mais em evidência", ou seja, "o 'dom' de bebida":

> A bebida e em particular a cerveja têm um peso simbólico forte na Austrália. "*Mates*" homens (conhecidos e amigos) formam grupos de bebedores (às vezes chamados "escolas"). Idealmente, todo indivíduo na escola deve, cada um por vez, pagar uma bebida para todos os outros membros da escola ao mesmo tempo. Essa ação afirma a autonomia daquele que paga em relação à coletividade dos outros "amigos" que não perdem sua autonomia individual na coletividade.[24]

No tipo de dom descrito por Kapferer – que, aliás, não se limita aos *pubs* da Austrália –, é o grupo de amigos como um todo que faz o papel do terceiro. Cada um dá a título

---

[24] Bruce Kapferer, "Nationalist ideology and a corporative antropology", *Ethnos*, 54:3-4, 1989, p. 175-76.

individual, mas cada um recebe como membro do grupo; é, portanto, ao grupo todo que se deve retribuir, como é de todo o grupo que se deve esperar a retribuição. A autonomia de cada indivíduo em relação a seus amigos é dessa forma preservada pela inserção imediata e ostensiva de toda dádiva de bebida no circuito global.[25] De fato, graças a essa mediação direta do nível coletivo, cada indivíduo pode oferecer dons a todos os outros indivíduos e recebê-los desses mesmos indivíduos sem que nenhum dom particular seja identificável como a retribuição de outra dádiva particular. A reciprocidade equilibrada é mantida no plano global pelo fluxo contínuo de cerveja, apesar de nunca haver troca recíproca de bebidas no plano individual.

Essa troca direta de bebidas entre indivíduos ocorre, em contrapartida, no contexto do "cerimonial da refeição nos restaurantes baratos do Sul da França" descrito por Lévi-Strauss num trecho célebre de *As Estruturas Elementares do Parentesco*, no qual se vê que o vinho tem, como o tabaco, a virtude de tornar as pessoas generosas:

> [...] nessas regiões em que o vinho [é] a indústria essencial, ele é rodeado por um tipo de respeito místico que o torna o "alimento rico" por excelência. Nos pequenos estabelecimentos em que o vinho está incluído no preço da refeição, cada comensal encontra, diante de seu

---

[25] Pode-se pensar aqui no raciocínio de Jean-Jacques Rousseau no *Contrato Social* (I, 6): "cada qual, dando-se a todos, não se dá a ninguém".

prato, uma garrafa modesta [...]. A pequena garrafa pode conter simplesmente um copo, esse conteúdo será servido, não no copo do detentor, mas no do vizinho. E este fará imediatamente um gesto correspondente de reciprocidade.

Lévi-Strauss usa esse exemplo para enfatizar que o "princípio de reciprocidade" ultrapassa de longe o simples equilíbrio econômico: "Do ponto de vista econômico, ninguém ganhou e ninguém perdeu. Mas acontece que há muito mais, na troca, do que as coisas trocadas".[26] Um copo de vinho por um copo de vinho: essa é uma transação perfeitamente circular. Manifestamente, não se dá aqui para receber, pois a coisa dada e a coisa recebida são idênticas. É só *para trocar* que se dá. E parece-nos que é *na própria circularidade* da transação que se deve buscar a fonte desse "mais" em relação às coisas trocadas que Lévi-Strauss atribui à troca enquanto tal.

Resta explicar a oposição entre essa forma de reciprocidade equilibrada descrita por Lévi-Strauss e a analisada por Kapferer. A pequena cerimônia do Sul encena diretamente o próprio tipo de troca de bebidas entre indivíduos que o costume australiano serve para evitar. Entretanto, a cultura dos bebedores na Austrália não poderia realmente ser muito diferente da dos seus homólogos franceses. Afinal, independentemente das particularidades da ética de *mateship* na Austrália, os franceses conhecem também a prática de pagar uma rodada para os amigos.

---

[26] Claude Lévi-Strauss, op. cit., 1967 [1949], p. 68-69.

Mas justamente não é entre amigos que o vinho é trocado no caso evocado por Lévi-Strauss. Trata-se, pelo contrário, de *estranhos*: de "dois estranhos que estão um diante do outro, a menos de um metro de distância, dos dois lados de uma mesa de restaurante". E Lévi-Strauss interpreta a troca de bebidas como o meio de resolver o conflito criado por essa proximidade insólita entre duas pessoas que não se conhecem: "Elas se sentem ao mesmo tempo sós, e unidas, obrigadas à discrição habitual entre estranhos, ao passo que sua posição respectiva no espaço físico, e a sua relação com os objetos e os utensílios da refeição, sugerem, e numa certa medida exigem, a intimidade". Esse "conflito, sem dúvida não muito agudo, mas real", provoca nos comensais "um estado de tensão", "uma ansiedade imperceptível". "A distância social mantida, continua Lévi-Strauss, mesmo quando não é seguida de nenhuma manifestação de desdém, de insolência ou de agressão, é, em si, um fator de sofrimento, no sentido de que todo contato social comporta uma solicitação e essa solicitação é uma esperança de resposta." A troca dos copos de vinho acaba com essa "incerteza recíproca".[27]

Num livro de inspiração cibernética escrito em colaboração com o psiquiatra Jurgen Ruesch e publicado na mesma época em que *As Estruturas Elementares do Parentesco*, Gregory Bateson atribui o caráter angustiante dessa incerteza recíproca à natureza paradoxal da mensagem que ela contém. Quando duas pessoas que mal se conhecem estão uma diante da outra, preferirão trocar palavras fúteis "em vez de aceitar a mensagem que

---

[27] Ibidem, p. 69-70.

estaria implícita no silêncio – a mensagem 'Nós não nos comunicamos'". Essa mensagem cria um mal-estar não só "porque implica uma rejeição", mas talvez também, sugere Bateson, porque "explode por si só no paradoxo: se duas pessoas trocam uma mensagem desse tipo, elas estão se comunicando"?[28]

Nessa análise que prefigura a teoria do duplo vínculo que Bateson desenvolverá em seguida, pode-se identificar uma variante do imperativo paradoxal que já encontramos na primeira parte do capítulo sobre a obrigação de retribuir a dádiva: *Reconhecer o que não se deve reconhecer*. Por uma circularidade negativa, reconhecer a mensagem "Não nos comunicamos" significa desmenti-la. O problema reside numa contradição entre dois níveis, o da transmissão da mensagem – o fato de comunicar propriamente dito – e o de seu conteúdo, a denegação desse fato. A solução consiste em atribuir esses dois níveis, substituindo a denegação por uma afirmação: em outras palavras, substituindo o silêncio embaraçoso por uma comunicação explícita. Mesmo uma troca de palavras, aparentemente fúteis, permite afirmar o próprio fato de comunicar: "O simples ato de comunicar pode veicular o enunciado implícito: 'Estamos nos comunicando'", observa Bateson. "De fato", acrescenta, "esta talvez seja a mensagem mais importante emitida e recebida."[29]

Essa análise batesoniana da comunicação dá a resposta a uma certa crítica feita à teoria das trocas proposta por

---

[28] Gregory Bateson e Jurgen Ruesch, op. cit., 1988 [1951], p. 242.
[29] Ibidem.

Lévi-Strauss. A sua ideia de que as trocas de mulheres e de dádivas compõem um sistema de comunicação se presta a uma objeção evidente: vê-se com dificuldade que sentido pode ser veiculado por objetos de troca que, ao contrário das palavras, não são dotados de conteúdo semântico. Que mensagem se deve comunicar? De fato, se há uma mensagem aqui, não se deve buscá-la no plano das coisas trocadas, mas no plano da própria troca. O próprio fato de trocar permite afirmar a existência de uma relação entre as pessoas que estão trocando, e é essa afirmação que constitui o conteúdo da mensagem. Como a troca de palavras na análise de Bateson, toda troca é portadora da mensagem implícita "nós nos comunicamos". Mensagem que se caracteriza por uma circularidade positiva, visto que reconhecê-la significa confirmá-la.

No caso dos estranhos que estão um diante do outro no restaurante do Sul, o reconhecimento consiste em retribuir uma bebida pela bebida recebida. Um copo de vinho por um copo de vinho: a circularidade positiva dessa transação permite fugir do círculo vicioso de uma (não) comunicação paradoxal. Observemos que a circularidade negativa da mensagem "Nós não nos comunicamos" implica uma vã tentativa de voltar para trás num tempo que não existe mais, o tempo da não comunicação abolido pela própria transmissão da mensagem. A mensagem "Nós nos comunicamos" busca, pelo contrário, por sua circularidade positiva, trazer o tempo que anuncia, o da comunicação. Entre esses dois exemplos, há, portanto, ao mesmo tempo inversão da orientação temporal e conservação da circularidade. Lançando uma mensagem, fazendo um dom, volta-se para o futuro que se quer suscitar.

Certamente, o reconhecimento esperado é menos garantido no caso da recepção de um dom do que no caso da recepção de uma mensagem – se desta vez considerarmos o tipo de "reconhecimento" que deve se expressar na forma de um gesto correspondente de reciprocidade. Afinal, o primeiro que derrama o conteúdo da sua jarra no copo do desconhecido sentado à frente aceita correr certo risco, como observa Lévi-Strauss, "risco que o parceiro responda à libação oferecida com uma porção menos generosa"; ou risco, ao contrário, que se entregue a excesso e o force [...] a perder, na forma da última gota, a sua última vantagem, ou a fazer para prestigiá-lo o sacrifício de uma garrafa adicional".[30] Dar ao outro antecipadamente é sem dúvida arriscado, mesmo quando se oferece só sua bebida – e não, como na história do gigante irlandês, sua cabeça. O que está em jogo é menos importante no restaurante do Sul do que n'*O Festim de Briciu*, mas a aposta é sempre a mesma: a de se lançar numa circularidade positiva para instaurar uma relação de confiança com o Estranho.

No *pub* australiano, em contrapartida, os bebedores de Kapferer não são estranhos, e sim *amigos*. Já existe uma relação de confiança entre eles; o problema é mantê-la dentro de limites convenientes. A ética da camaradagem masculina exclui toda intimidade suscetível de comprometer a autonomia do indivíduo. É preciso reconciliar a exigência da reciprocidade com a necessidade de preservar certa distância entre os membros do grupo. O mesmo pequeno gesto de generosidade que permite romper o gelo

---

[30] Claude Lévi-Strauss, op. cit., 1967, p. 70.

entre dois desconhecidos poderá, pelo contrário, provocar um silêncio embaraçoso em certos contextos de camaradagem coletiva se ele se mostrar de forma muito personalizada. Dessa maneira, em um grupo de amigos que já estão bebendo juntos, provavelmente seria inconveniente oferecer uma bebida de forma exclusiva a um único membro do grupo. É melhor que cada um receba como membro do grupo. Mesmo que os dons ocorram no plano individual, o grupo se interpõe como mediador da generosidade. Um rito de reciprocidade praticado por guerreiros aborígenes da Austrália representa uma solução original ao mesmo problema da manutenção da boa distância nas trocas entre os homens. Mauss cita esse rito, nas "Conclusões de moral" do *Ensaio*, como exemplar do ideal do dom:

> Num *corroboree* (dança dramática pública)[31] de Pine Mountain (Centro Oriental de Queensland), um indivíduo por vez entra no lugar consagrado, tendo numa das mãos seu propulsor de lança, enquanto a outra mão fica nas costas; ele lança sua arma num círculo no outro extremo do espaço, nomeando ao mesmo tempo em voz alta o lugar de onde vem, por exemplo: "Kunyan é a minha terra de origem"; ele para por um momento e durante esse tempo os seus amigos "colocam um presente", uma lança, um bumerangue, uma outra arma, em sua outra mão.

---

[31] O *corroboree* é um ato cerimonial dos aborígenes australianos. (N. T.)

O círculo no qual o guerreiro lança sua arma simboliza bem o círculo da reciprocidade social. Uma vez que ele lança a arma numa direção para receber uma arma que vem de outra direção, o guerreiro se situa justamente no meio de um fluxo de bens. O que parte na direção do coletivo pode até voltar multiplicado, provando assim a fertilidade das trocas. De fato, segundo o etnógrafo citado por Mauss, "assim um bom guerreiro pode receber mais do que sua mão pode segurar, em particular se ele tiver filhas para casar".[32]

Com esse último detalhe, Mauss propõe ligar a troca em questão ao contrato de casamento. Considerando a importância coletiva do casamento, isso tornaria ainda mais evidente o fato de que o donatário recebe como membro do grupo. O outro detalhe comentado por Mauss, a indicação do clã de origem feita em voz alta pelo guerreiro enquanto ele lança a arma, mostra também que não se dá aqui no plano individual. Esses companheiros de armas aborígenes não têm a mesma ética de autonomia pessoal que os amigos no *pub* de Kapferer. Entretanto, um detalhe que Mauss não observa marca o isolamento simbólico do guerreiro em relação aos companheiros que, por sua vez, lhe dão. Depois que ele lançou sua arma com uma das mãos, os demais colocam um presente "na sua outra mão". Mas essa outra mão, Mauss nos disse pouco antes, o guerreiro a coloca "atrás, nas costas". Isso significa que o gesto correspondente de reciprocidade ocorre *pelas costas* daquele que acaba de dar. Subterfúgio original que permite que a retribuição mantenha, até certo ponto, o

---

[32] Marcel Mauss, op. cit., 1983, p. 264.

mesmo anonimato que o pagamento de uma rodada de cerveja por outro meio.

Quando se oferece uma bebida a todos os seus amigos ao mesmo tempo, cada donatário individual desaparece na multidão. A reciprocidade se dá no plano global sem que nenhum gesto se mostre como a retribuição de outro gesto feito por uma pessoa em particular. É assim que o grupo como um todo desempenha o papel do terceiro mediador da generosidade. Na cerimônia aborígene, em contrapartida, o donatário se destaca claramente da multidão. O presente de armas destina-se a um único indivíduo, aquele que acaba de lançar a sua própria arma. E essa reciprocidade imediata ocorre de forma ainda mais personalizada porque, ao contrário do dom da bebida, o presente de armas é um valor que varia segundo a generosidade dos amigos do donatário. Mas, na hora, ele não pode ver o que colocam em sua mão. As costas viradas não permitem que ele veja essa expressão de sua bondade. Para ele, eles são apenas os representantes invisíveis de todo o grupo que está atrás dele.

Mas o sistema de trocas em que o grupo inteiro desempenha o papel de intermediário da reciprocidade da maneira mais absoluta é, sem dúvida, aquele em que não há mais dom nas transações entre indivíduos, ou seja, o mercado moderno. As transações do mercado são regidas por essa lei da "impessoalidade" que caracteriza a "sociabilidade secundária" em oposição à "sociabilidade primária": na *sociabilidade primária*, escreve Alain Caillé, "as relações entre as pessoas são tidas como mais importantes ou como devendo ser mais importantes [...]. Esse registro é o da família, do parentesco e da aliança, da amizade e da camaradagem. Na *sociabilidade secundária*, ao contrário, é a funcionalidade dos atores sociais que conta mais do que sua personalidade".[33]

Mas, nos dois exemplos australianos, apesar da grande distância cultural que os separa, pode-se ver que eles têm em comum a introdução de uma certa impessoalidade nas transações que provêm mais da sociabilidade primária. A rodada de cerveja e as costas viradas permitem tornar menos diretas as relações de reciprocidade que tecem a sociabilidade primária.

O vendedor de cerveja, o açougueiro e o padeiro

O sistema de trocas em que a reciprocidade assume a forma menos direta possível é essa encarnação por excelência da sociabilidade secundária que constitui o mercado moderno. Uma transação monetária entre dois indivíduos no mercado nunca se reveste em princípio do caráter personalizado de uma troca de dádivas. Fazer uma dádiva significa inaugurar ou perpetuar uma relação. Pagar um bem ou um serviço é eliminar toda necessidade de uma relação que iria além do próprio momento da transação. Dessa forma, é *no mercado* que não há obrigação de retorno, é no mercado que não há exigência de

---

[33] Alain Caillé, "Sujets individuels et sujet collectif", *Philosophie et Anthropologie*. Descamps, Christian (apres.). Paris: Centre Georges-Pompidou, 1996, p. 51.

reciprocidade. Como escreveu um aluno de Mauss, Itsuo Tsuda: "Quando compramos pão na padaria, não estamos ligados por nenhuma obrigação ao padeiro. Depois que se paga, estamos livres em relação a ele, e ele em relação a nós".[34] Temos liberdade de voltar à mesma padaria ou não, depende da nossa vontade. Numa próxima vez, podemos comprar o nosso pão também em outro lugar. Nesse sentido, nenhuma retribuição é esperada.

Essas observações sobre a troca comercial só confirmam, por outra via, o que já dissemos sobre a troca de dádivas na primeira parte deste capítulo. O fato de o dom requerer uma retribuição faz com que algumas pessoas pensem que não se trata de um verdadeiro dom, mas de uma versão mais ou menos bem camuflada, mais ou menos hipócrita, de uma mercadoria pela qual se paga. Há aí um contrassenso que se refere tanto à obrigação de devolver a dádiva quanto à de pagar a mercadoria.

Retribuir uma dádiva, reconhecer a generosidade do primeiro doador por meio de um gesto correspondente de reciprocidade, é reconhecer a *relação* cujo presente anterior não é senão um veículo. De fato, longe de se resumir no valor do objeto que ele lhe dá, a generosidade do primeiro doador reside, sobretudo, no fato de que ele tem o propósito de participar de uma relação de reciprocidade com você. Essa relação é exigente, pois pode acarretar no futuro obrigações imprevisíveis no momento de dar. Uma relação de reciprocidade evolui no tempo, visto que tem uma existência que ultrapassa cada transação particular.

---

[34] Itsuo Tsuda, *Le Non-Faire*. Paris: Le Courrier du Livre, 1973, p. 135.

O pagamento de uma mercadoria, pelo contrário, *põe um fim* às obrigações mútuas das pessoas envolvidas na troca. Não há exigência de reciprocidade além da transação em questão. Idealmente, a troca comercial faz com que os agentes sejam tão estranhos um em relação ao outro quanto eram antes. Depois que a transação está concluída, podem virar as costas um para o outro para sempre. Dessa maneira, pagar uma mercadoria significa cortar na raiz toda relação de reciprocidade entre as pessoas envolvidas na troca.

A reciprocidade do dom não poderia ser a única base das trocas numa economia em que a divisão do trabalho é muito desenvolvida.[35] Como observa Adam Smith, os processos técnicos necessários para a satisfação das necessidades materiais do homem moderno são demasiadamente complexos para ficarem a cargo da rede limitada das relações pessoais que um indivíduo pode mobilizar: "Numa sociedade civilizada, [o homem] precisa a todo instante da ajuda e colaboração de uma multidão de homens, ao passo que toda sua vida mal bastaria para ter a amizade de algumas pessoas". É por essa razão que cada um deve recorrer ao mercado, onde as transações monetárias transcorrem fora de qualquer relação personalizada de reciprocidade. A generosidade não tem importância. Segundo a fórmula famosa de Smith, "não é da benevo-

---

[35] Mas a transação comercial tampouco poderia ser. Na própria sociedade chamada mercado, as prestações não comerciais ocupam sempre um lugar essencial. Como ressalta Ahmet Insel (1993, p. 221), o espaço do dom, "embora antinômico ao mercado quanto aos seus princípios de funcionamento, não deixa de constituir uma fonte oculta que alimenta o mercado". Esboçando uma avaliação quantitativa do peso das prestações não comerciais na sociedade francesa contemporânea, Insel chega a grandezas consideráveis.

lência do açougueiro, do cervejeiro ou do padeiro que esperamos nosso jantar, mas de seu interesse próprio".[36] O açougueiro lhe dará o que comer hoje sem esperar nada de você amanhã. É seu dinheiro que o interessa; este lhe permitirá se abastecer por sua vez no mercado.

Deve-se concluir que a economia de mercado não conhece nenhuma forma de reciprocidade social? Isso significaria cometer, a respeito da economia moderna, o mesmo erro que Lévi-Strauss denuncia em relação ao casamento moderno. Sabe-se que Lévi-Strauss analisa as estruturas de parentesco nas sociedades "primitivas" baseadas no princípio da troca de mulheres entre grupos. É a forma particular do nosso próprio sistema de parentesco que não nos deixa ver agir no casamento outra regra que não seja o tabu do incesto. Porém, insiste Lévi-Strauss, mesmo essa regra mínima implica que cada homem renuncia a toda possibilidade de união com as mulheres mais próximas para permitir que casem com outros homens e para receber em contrapartida o direito de procurar uma mulher entre todas aquelas às quais os outros homens terão renunciado também.[37] Em outras palavras, mesmo no casamento moderno, o princípio de reciprocidade está sempre presente:

> A única diferença é que, nas sociedades primitivas, e de maneira preponderante,

---

[36] Adam Smith, *An Inquiry into the Nature and Causes of the Wealth of Nation*. Canaan, Edwin (org.). Nova York: Modern Library, 1991 [1776], v. 1, p. 82.
[37] Observemos que esse raciocínio seria também válido se formulado do ponto de vista das mulheres que renunciam aos seus parentes do sexo masculino.

> a estrutura simétrica da instituição coloca em questão dois grupos, ao passo que nas sociedades modernas, os elementos de simetria são, por um lado, uma classe que tende a se reduzir ao indivíduo, e, por outro, uma classe que se amplia até se confundir com o grupo social considerado em seu conjunto.[38]

Contudo, pode-se distinguir uma lógica análoga atuando na economia de mercado. A divisão do trabalho moderno proíbe, quando não formalmente, pelo menos na prática, depender de sua própria produção para a satisfação de suas necessidades materiais. Como o casamento, a economia obriga cada um a sair de seu prórpio jogo de trocas para participar de um mais vasto. Em geral, não se consome, ou não principalmente, o que cada um produz. Na realidade, mesmo nas sociedades em que a divisão do trabalho é pouco desenvolvida, a autonomia econômica do lar individual em geral é impensável do ponto de vista social, pois esta implicaria o desfrute com culpa de um desvio incestuoso, como sugere o aforismo Arapesh que Lévi-Strauss cita, segundo Margaret Mead: "A tua própria mãe / A tua própria irmã / Os teus próprios porcos / Os teus próprios inhames que empilhaste / Não podes comê-los".[39] Da mesma forma, para Lévi-Strauss, o tabu do incesto favorece a troca de mulheres, como a existência de proibições cerimoniais sobre o consumo dos frutos do seu próprio trabalho favorece a troca de dons.

---

[38] Claude Lévi-Strauss, op. cit., 1967, p. 151.
[39] Ibidem, p. 31.

Na economia moderna, é a divisão do trabalho que de certa forma substitui proibições explícitas e impõe uma forma indireta de reciprocidade. Essa reciprocidade não se manifesta no plano da troca entre dois indivíduos. Menos ainda no da troca entre dois grupos: pouco importa para o meu açougueiro saber se "venho de Kunyan". Na economia moderna, como no casamento moderno tal como é analisado por Lévi-Strauss, os elementos de simetria são, por um lado, o indivíduo e, por outro, o grupo social como um todo. O mercado coloca o indivíduo diante dessa "multidão de homens" de que fala Smith. Como os bebedores no contexto da rodada de cerveja, cada agente econômico se dissipa na multidão. Se os agentes são estranhos uns aos outros, se podem fazer negócios e depois dar-se as costas imediatamente, significa que a reciprocidade ocorre, por assim dizer, *pelas costas*, como sob o impulso de uma mão invisível...

Como os espíritos invisíveis que presidem às trocas nos maoris, a mão invisível do mercado remete à autotranscendência do social. O grupo social em seu todo é o "terceiro" que é o intermediário das trocas entre os indivíduos. De fato, é apenas no plano da totalidade das trocas, no plano do próprio mercado, que ocorre a reciprocidade na economia moderna. Essa reciprocidade se baseia num princípio minimalista, o da participação de todos no mercado. Cada um renuncia a trabalhar só para si mesmo ou seus familiares e dá a todos os outros a possibilidade de se beneficiarem de sua atividade produtiva conduzindo-a para o mercado. Em troca disso, cada um procura bens e serviços de que precisa entre todos aqueles que por sua vez terão colocado no mercado. Se essa reciprocidade expressa uma realidade – a complexidade da divisão do trabalho moderno –, ela apresenta também um caráter normativo. Aquele que escolhe se retirar completamente do mercado, recusando vender sua força de trabalho e morar, se alimentar e se vestir apenas de seus próprios cuidados, será sem dúvida visto como um rebelde, um transgressor, como se tivesse cometido um tipo de incesto econômico.[40]

Contudo, uma vez mais, o comprometimento de cada um no jogo global das trocas comerciais é a única obrigação necessária para garantir a reciprocidade. Não há obrigação necessária para garantir a reciprocidade. Não há obrigação de retribuir no plano da troca individual no sentido de que o recipiendário de uma mercadoria não tem nenhuma necessidade de fazer um gesto correspondente de reciprocidade. Esse gesto seria até mal recebido. O dono de um *pub* não verá com bons olhos se, depois de ter pedido cerveja para todos os seus amigos, você sair sem pagar dizendo: "Obrigado, eu lhe oferecerei um bom bife e pão amanhã". É possível que você volte amanhã ou não. Em vez de confiar em você, o vendedor de cerveja prefere ficar com seu dinheiro, podendo até gastá-lo em outro lugar para comprar carne ou pão se precisar. Evidentemente, é só pelo fato de saber que seu dinheiro será aceito por outros comerciantes que esse comerciante em particular o aceita: em si, o dinheiro não tem nenhum valor. Isso significa que a troca entre você e seu vendedor de cerveja seria radicalmente incompleta sem a presença virtual de um *terceiro:* o açougueiro ou qualquer outro comerciante com o qual ele gastará seu dinheiro.

---

[40] O transgressor pode ser um indivíduo ou um país inteiro: atualmente, a mesma reprovação do desvio incestuoso anima a retórica dos partidários do livre-cambismo mundial.

Quando o sábio maori explicava o significado do *hau*, a intervenção de um terceiro em seu relato deixava Mauss perplexo. Para resolver o enigma, era preciso ultrapassar o pressuposto moderno segundo o qual uma troca é uma transação que ocorre entre dois indivíduos. Mas o que constatamos agora é que esse pressuposto individualista é pouco válido também em relação às trocas modernas. Toda transação monetária comporta a intervenção virtual de um terceiro. Como o dinheiro não tem valor intrínseco, só o terceiro pode assegurar que o que foi dado será devolvido. Para ter um artigo de valor em troca da bebida que ele lhe dá, o vendedor de cerveja deve se dirigir a um terceiro. E a transação entre o vendedor de cerveja e o açougueiro também será em si incompleta. Para receber um bem em contrapartida do bife que ele dá ao vendedor de cerveja, o açougueiro será obrigado, por sua vez, a ir à padaria, e assim por diante, num círculo sem fim. Como no exemplo maori, o terceiro remete na realidade aos fluxos contínuos da circulação global.

A diferença entre os dois casos é que o nosso vendedor de cerveja não precisa ter boas relações com o açougueiro, nem o açougueiro com o padeiro. Os fluxos da circulação comercial não seguem os caminhos traçados pela amizade, pela aliança, pelo parentesco. O círculo fecha-se no plano global sem passar pelas relações de confiança no plano individual que caracterizam a sociabilidade primária. A economia monetária permite assim eliminar completamente o problema da confiança tal como este se coloca nas trocas de dons. Numa transação monetária, não é necessário ter confiança naquele para quem se dá. Não se espera que ele por sua vez dê: basta pegar seu dinheiro. Mas a necessidade de confiança não é eliminada, só *deslocada:* esta se refere agora ao próprio dinheiro.

O dinheiro, dissemos, não tem valor em si. Tudo que aquele que o recebe pode fazer com ele é repassá-lo. Assim mesmo, cada um aceita dar só recebendo dinheiro de volta, visto que cada um espera encontrar um terceiro que aceitará dar só recebendo dinheiro de volta. Nesse sentido, a economia monetária reside numa espécie de grande artifício: é preciso que todos aceitem dar adiando indefinidamente o "verdadeiro" retorno. O artifício funciona enquanto todos confiam nele. Ou melhor, enquanto confiam no dinheiro. O artifício funciona enquanto aqueles que trocam acreditam que o dinheiro tem "de fato" valor.

O açougueiro, o empregado, o consumidor, todos lhe dirão que a economia moderna, quando não toda a sociedade moderna, se baseia no valor do dinheiro. Contudo, os economistas ortodoxos têm a mesma preocupação que Lévi-Strauss de não "se deixar mistificar" pelo "pensamento indígena". Da mesma forma que Lévi-Strauss rejeita o poder espiritual do dom como ilusório, esses economistas recusam "a ilusão monetária". Para eles, o dinheiro não é senão um instrumento neutro que não tem nenhuma realidade além das próprias transações. Nessa "concepção instrumental", nota Bruno Théret, o dinheiro é "considerado um simples véu colocado nas trocas de bens e serviços".[41] A mesma fórmula – "simples véu colocado nas trocas" – resume bem a concepção estruturalista do *hau*. O dinheiro é o equivalente moderno do *hau*?

---

[41] Bruno Théret, Souveraineté et legimité de la monnaie. Monnaie et impôt". In: Souveraineté legitimité de la monnaie. Aglietta, Michel e Orléan, André (dir.). Paris: Association d'économie financière/Centre de recherche em épistémologie appliqués, 1995, p. 71.

Enquanto os maoris acreditam que o poder do *hau* garante o bom desenvolvimento das trocas, o bom desenvolvimento das trocas confirmará o poder do *hau*. Da mesma maneira, enquanto todos os agentes acreditarem no valor do dinheiro, o valor do dinheiro será confirmado pelos fatos. Como ressalta André Orléan, a operação do dinheiro comporta uma "*autorrealização das crenças* no sentido de que, assim que os agentes se apropriam delas, essas crenças são corroboradas pelo jogo das trocas".[42] No caso do dinheiro, como no do *hau,* a relação entre as crenças individuais das pessoas que trocam e o jogo coletivo das trocas é perfeitamente circular. As crenças dos indivíduos baseiam-se no fenômeno coletivo, mas este nem por isso deixa de depender das crenças dos indivíduos. Se quisermos construir a unidade do todo, é preciso "acrescentar à mistura uma quantidade complementar": corroborando o que diz Simmel, "um complemento dessa 'fé' sociopsicológica que apresenta semelhanças da fé religiosa".[43]

A fé dos indivíduos no valor do dinheiro é indispensável para o funcionamento do mercado. Os economistas ortodoxos tentam reduzir a economia monetária a uma série de transações contratuais entre pares de agentes individuais. Orléan mostra que esse mecanismo encontra seu limite quando se trata de explicar o próprio dinheiro.[44] Este não é o resultado de um contrato entre

---

[42] André Orléan, "L'origine de la monnaie (I)". *La Revue du Mauss*, n. 14, 1991, p. 144.
[43] George Simmel, op. cit., 1987, p. 198; citado em Orléan, 1992, p. 94.
[44] André Orléan, "La monnaie auto référentielle: réflexious sur les évolutions monétaires contemporaines". In: *La Monnaie souveraine*. Aglieta, Michel e Orléan, André (org.), Paris Odile Jacob, 1998.

indivíduos, só pode ser a expressão de um nível transcendente – mesmo quando se trata do caso de uma transcendência emergente, de uma *auto*transcendência.

Materializando-se no dinheiro, a autotranscendência do grupo social intervém como terceiro mediador nas transações entre indivíduos. E é porque o grupo como um todo é o intermediário de toda transação entre dois indivíduos que essas transações podem parecer independentes umas das outras. Mas, na verdade, participam de um vasto círculo positivo, em que cada um aceita o dinheiro que circula, na esperança de que os outros farão a mesma coisa.

A fragilidade desse círculo aparece claramente cada vez que o dinheiro entra em crise. O círculo positivo transforma-se então em círculo negativo: cada um se recusa a aceitar o dinheiro temendo que os outros façam a mesma coisa. A crença no não valor do dinheiro se autorrealiza com a mesma aparência de fatalidade que a crença em seu valor. Quando falta o "complemento de fé" necessário para a unidade do todo, o dinheiro cai por terra. É a vingança do círculo.

Evidentemente, o círculo não age sempre de forma tão fulminante. Em geral a sua vingança é insidiosa; manifesta-se não pela ruína do dinheiro, mas por uma erosão lenta e progressiva de seu valor – ou, pelo contrário, por um aumento velado desse mesmo valor, que acaba também travando as trocas. Pois, se o dinheiro se torna uma mercadoria demasiadamente rara, os consumidores vão hesitar em gastá-lo. Mas a renda dos consumidores deriva do investimento dos empresários e a renda das empresas decorre do gasto dos consumidores: outro círculo positivo pronto para mudar de orientação assim que a confiança desaparece. Dessa vez, cada um se recusará a *dar* seu dinheiro temendo que os outros façam a mesma coisa. Os trabalhadores terão medo de comprar se não tiverem certeza de poder encontrar um emprego bem remunerado, e as empresas terão medo de contratar se não tiverem certeza de poder vender seus produtos por um bom preço.

A economia de mercado se baseia enfim na relação circular entre dois princípios muito simples: 1) o dinheiro é obtido na troca de bens; e 2) os bens são obtidos em troca de dinheiro. Enquanto a máquina ficar dando voltas, pode-se acreditar que a articulação desses dois princípios é natural. Mas, como acabamos de ver, a máquina pode ficar paralisada de duas formas: ou os agentes temem não obter dinheiro suficiente por seus bens, ou temem não obter bens suficientes por seu dinheiro. O primeiro temor traduz-se pela elevação do desemprego e o segundo, pela alta dos preços. Porém, cada um desses temores é autorrealizador. Depois que se instala, destina-se a se perpetuar. Os círculos viciosos da inflação e do desemprego não são fenômenos marginais ou contingentes. Estes desnudam a circularidade na própria base do sistema.

Prisioneiros do mercado

O maior homem de Estado do século XX compreendia intuitivamente a circularidade. Diante da crise dos anos 1930, Franklin D. Roosevelt iniciou seu primeiro discurso como presidente dos Estados Unidos, no dia 4 de março de 1933, pronunciando as seguintes palavras famosas:

"A única coisa que temos a temer é o próprio temor". É o próprio temor, diz Roosevelt, esse "terror injustificado, sem nome e sem razão, que paralisa os esforços necessários para transformar o retrocesso em progresso".[45] Mas não basta identificar o problema para ultrapassá-lo. Mesmo quando todos reconhecem que é preciso avançar sem medo, quem vai dar o primeiro passo?

O primeiro a desafiar a tendência corre o risco de ir à falência. Nesse sentido, o terror não é injustificado. Cada um tem razão de recuar quando os outros o fazem. Contra essa situação de reciprocidade negativa, as boas vontades individuais não podem fazer nada. Numa economia monetária, cada transação entre indivíduos é radicalmente incompleta em si e radicalmente dependente do conjunto das outras transações. É no plano do conjunto que se encontra a reciprocidade, não naquele dos indivíduos. Entre indivíduos, dissemos, não há obrigação de retribuição. Mas tampouco há as outras duas obrigações identificadas por Mauss, as de dar e receber.[46] Se os agentes não têm certeza de que o ciclo se fecha no plano global, terão medo de dar dinheiro, ou então de receber, e as transações individuais não poderão ocorrer.

Nessas condições, não poderíamos nos limitar a dizer que a única coisa que se deve temer é o próprio temor. O próprio temor é suficientemente forte para não ceder diante de simples exortações, e Roosevelt sabia bem disso. Ele ridiculariza os porta-vozes do mundo dos negócios que

---

[45] Franklin D. Roosevelt, The Roosevelt Reader. Rauch, Basil (org.). Nova York, Holt, Rinehart & Winston, 1957, p. 90.
[46] Marcel Mauss, op, cit., 1983, p. 161.

"recorreram às exortações, suplicando, com lágrimas nos olhos, o restabelecimento da confiança".[47] Nada é mais inútil, de fato, do que incitar os consumidores ou as empresas a retomarem a confiança quando a perdem. Ninguém vai apostar no futuro correndo o risco de sacrificar sua própria sobrevivência material quando não sabe o que os outros farão. Para transformar o retrocesso em progresso, para transformar a reciprocidade negativa em reciprocidade positiva, seria necessário que todos concordassem em dar o primeiro passo juntos. Mas o mercado não comporta nenhum mecanismo que permitiria um consenso desse tipo dos seus incontáveis atores isolados.

O vendedor de cerveja, o açougueiro e o padeiro desejam uma redução do desemprego,[48] e isso não só por benevolência, mas por causa do cuidado que dedicam a seus interesses, pois clientes sem emprego vão gastar pouco com eles. Se cada comerciante e cada industrial fizessem contratações, os seus esforços seriam recompensados por um aumento do consumo. Mas os esforços necessários para relançar esse mercado virtuoso são paralisados pela própria estrutura do mercado, que impede o açougueiro de confiar no padeiro, e o padeiro no vendedor de cerveja. Cada um poderia agir para promover seu próprio interesse se cada um pudesse ter certeza de que os outros fariam como ele. Infelizmente, esse não é o caso.

---

[47] Franklin D. Roosevelt, op, cit., 1957, p. 91.
[48] Uma redução do desemprego, mas não necessariamente seu desaparecimento, exceto quando não têm empregados para pagar. Como observa Adam Smith, uma escassez excessiva da mão de obra tem o inconveniente de provocar uma "concorrência entre os mestres" que os leva a violar seu "acordo tácito, mas constante e uniforme, para não aumentar o salário do trabalho" (Smith, 1937, p. 66, 68).

Incapazes de sair do círculo vicioso no qual se fecharam, o vendedor de cerveja, o açougueiro e o padeiro se tornam *prisioneiros do mercado*.

A fórmula não é forte demais. Os atores dos mercados são prisioneiros no sentido de uma situação de decisão estudada pela teoria dos jogos, o "dilema do prisioneiro". Lembremos rapidamente de que se trata. Dois homens que cometeram um delito grave são presos, digamos no Texas, onde correm o risco de receber a pena capital. Mas eles sabem que a polícia não tem provas suficientes para mantê-los por muito tempo sem uma confissão. Para serem liberados mais rapidamente, só o que devem fazer é se manter calados.

Porém, os xerifes do Texas são espertos. Isolam os dois detentos em celas separadas, depois explicam para cada um que, se um dos dois se calar e o outro o denunciar, aquele que falar será imediatamente liberado, mas seu cúmplice será condenado à morte; se os dois falarem, cada um será condenado a cinco anos de prisão. Evidentemente, eles sabem que, se os dois se calarem, sairão muito mais rapidamente. Cada um teme que o outro fale pelas suas costas. É um temor autorrealizador: no fim, cada um de fato falará temendo que o outro faça a mesma coisa.

O dilema do prisioneiro geralmente é citado para mostrar os limites da racionalidade econômica pura. Ele mostra uma situação em que o cuidado que cada um tem com seu próprio interesse leva a um resultado que não é o melhor, mesmo do ponto de vista de seu interesse: a ausência de uma relação de confiança recíproca obriga os dois detentos a ficarem reclusos na prisão muito além do necessário. Por mais dramático que pareça, esse resultado depende de circunstâncias tão particulares que seria fácil acreditar que sua abrangência é muito restrita. Afinal, que importância prática poderia haver senão para os malfeitores?

Na verdade, o dilema do prisioneiro tem uma dimensão muito maior. O que não se vê é que um dilema análogo se apresenta aos atores do mercado cada vez que a conjuntura se deteriora.[49] O ciclo negativo de que poderiam se libertar, contanto que tivessem confiança uns nos outros, é o equivalente à prisão, e a falência, o equivalente à pena de morte. E, mais uma vez, o cuidado que cada um dedica a seu próprio interesse leva a um resultado que não é o melhor, mesmo do ponto de vista de seu interesse: a ausência de uma relação de confiança recíproca obriga os agentes a ficarem fechados no ciclo negativo.[50] Este se prolonga contra a vontade daqueles cujas ações o mantêm; ele foge do controle dos homens e se impõe como uma força transcendente.

Contra essa força, os indivíduos são impotentes. Quando cada um recua porque os outros o fazem, um ciclo

---

[49] Evidentemente, a conjuntura pode se deteriorar por todo tipo de razão que não tem nada a ver, no começo, com um temor autorrealizador. Um excesso de produção de mercadorias, por exemplo, mostra antes um otimismo excessivo, consequência típica de um ciclo positivo. Choques exógenos podem ocorrer também. O que queremos compreender é por que, *uma vez desencadeado*, um ciclo negativo tende a se prolongar além do necessário.
[50] Além do problema da confiança, o interesse de cada um está em jogo. O açougueiro ganhará novos clientes com poucos gastos se deixar para o padeiro o encargo de contratar. Mas, enquanto cada um deixa esse encargo para os outros, ninguém contrata e o ciclo negativo se prolonga.

de reciprocidade negativa é desencadeado e ninguém é capaz de revertê-lo. Os homens não saberiam transformar o regresso em progresso sem a ajuda de uma força sobre-humana, uma força situada no metanível.

Felizmente, essa força existe: é o Estado. Se quisermos inverter um ciclo de reciprocidade negativa, cabe ao Estado dar o primeiro passo. Com a mediação do Estado, os indivíduos saem do círculo vicioso por cima.

Em seu primeiro discurso presidencial de março de 1933, Roosevelt não se limita a solicitar uma restauração de confiança; ele promete que o próprio Estado assumirá a missão mais urgente, a de "colocar as pessoas no trabalho": "Ela pode ser atingida em parte graças a um recrutamento direto pelo próprio Estado".[51]

Alardeando os anátemas dos economistas liberais e o ódio violento dos meios financeiros,[52] Roosevelt manterá essa promessa com uma série de iniciativas públicas. A Civil Works Administration construirá ou reformará 500 mil milhas de ferrovias, mil aeroportos e 40 mil escolas; a Federal Emergency Relief Administration construirá 7 mil pontes e 5 mil prédios públicos e alfabetizará mais de 1,5 milhão de adultos; a Works Progress Administration construirá ou reformará mais de 2.500 hospitais e quase

---

[51] Franklin D. Roosevelt, op. cit., 1957, p. 92.
[52] Personalidades de Wall Street ligadas às dinastias Du Pont e Morgan imediatamente pensaram num golpe de Estado para depor Roosevelt. Sondado pelos responsáveis do complô desde o verão de 1933, o general Smedley Butler os denunciou e o projeto fracassou. Ver o "sumário interno dado à Câmara" (o caso foi abafado para evitar um escândalo) pela comissão de enquete McCormack-Dickstein.

13 mil pátios de recreação; o Federal Writers' Project e o Federal Art Project incentivarão os talentos de escritores e artistas, como Richard Wright, Willem De Kooning e Jackson Pollock; e o Federal Theater Project apresentará espetáculos para cerca de 30 milhões de espectadores em todo o país.[53]

Na primavera de 1933, os Estados Unidos tinham mais de 15 milhões de desempregados. Em 1941, 6 milhões de americanos estão desempregados.[54] Em outras palavras, em apenas oito anos, Roosevelt reduziu o número de desempregados em 60%. Sem dúvida, a partir de 1940, o aumento dos gastos militares provocou uma redução mais rápida do desemprego, que desaparece completamente depois da entrada do país na Segunda Guerra Mundial. Mas não poderíamos concluir que uma mobilização militar tem uma eficácia superior no plano econômico. É no plano político que uma guerra se mostra eficaz, pois esta permite vencer um temor que também se teme: o temor da intervenção do Estado.[55] Esta é a razão pela qual Roosevelt já sugere, em seu discurso

---

[53] William E. Leuchtenburg, *Franklin D. Roosevelt and the new Deal*. 1932-1940. Nova York. Harper Colophon, 1963, p. 121-28.

[54] Ibidem, p. 52, 346. Segundo Michael R. Darby (1976), os números-padrão superestimam o desemprego durante esse período, sempre classificando como desempregados aqueles que trabalhavam nos programas de emprego estabelecidos pelo Estado.

[55] Não tendo nada de um keynesiano convencido, o próprio Roosevelt teria muito esse medo e só aumentava as despesas públicas contrariado. Foi sem dúvida o que impediu uma saída definitiva da crise (William E. Leuchtenburg, op, cit., p. 264 e passim). Em 1937, quando a retomada parecia estar no bom caminho, Roosevelt aproveitou para reduzir brutalmente os programas de emprego e equilibrar o orçamento – o que provocou imediatamente uma nova recessão (ibidem, p. 243-45).

de 1933, atacar o problema do desemprego como se tivesse a urgência de uma verdadeira "guerra".[56] Mas do ponto de vista puramente econômico é possível mobilizar as energias de uma população sem recorrer a guerras infinitas.

De qualquer forma, de um modo ou de outro, foi de fato a intervenção do Estado que tirou a economia americana do círculo vicioso do desemprego. Mas com a entrada do país na guerra, a economia corria o risco de entrar num outro círculo vicioso, o da inflação. Os gastos militares são naturalmente inflacionários, uma vez que aumentam a quantidade de dinheiro em circulação sem aumentar a quantidade de mercadorias, e a Segunda Guerra Mundial impôs custos de uma dimensão jamais vista: entre 1940 e 1945, o Estado norte-americano gastou quase o dobro de tudo o que tinha gastado durante os cinquenta anos anteriores. A Segunda Guerra Mundial custou dez vezes mais do que a Primeira.[57] "A inflação faz parte das lembranças da Primeira Guerra Mundial", lembra o decano dos economistas americanos, John Kenneth Galbraith. "A inflação não faz parte das lembranças da Segunda Guerra Mundial".[58] Como é possível?

Depois que a inflação é desencadeada, um ciclo de reciprocidade negativa começa e ninguém é capaz de fazê-lo parar. Se o açougueiro aumentar seus preços, o padeiro

---

[56] Franklin D. Roosevelt, op. cit., 1957, p. 92.
[57] Richard Polenberg, *War and Society. The United States, 1941-1945*. Philadelphie. J. B. Lippincott, 1972, p. 27.
[58] John Kenneth Galbraith, *A Life in Our Times*. Boston: Houghton Mifflin, 1981, p. 171.

também o fará, pois temerá não obter carne suficiente com o dinheiro que ganha vendendo pão. E se o padeiro aumentar seus preços, o vendedor de cerveja terá de fazer a mesma coisa. Mas quando o açougueiro perceber que terá de gastar mais para beber uma cerveja, ele aumentará novamente seus próprios preços, e assim por diante. Cada um participa da cadeia de represálias, não por maldade vingativa, mas por causa da cautela com que trata seus próprios interesses. Prisioneiros do mercado, o açougueiro, o padeiro e o vendedor de cerveja são incapazes de saír do círculo vicioso no qual se fecharam sem ter a ajuda de uma força transcendente, uma força situada no metanível.

O governo de Roosevelt para a espiral inflacionária graças a um expediente de uma simplicidade divina: ele proíbe que os negociantes aumentem seus preços. O açougueiro aceita essa medida radical, pois sabe que esta também se aplica ao padeiro, e o padeiro a aceita, pois ele sabe que esta se aplica ao vendedor de cerveja. Dessa forma, os indivíduos reencontram uma relação de reciprocidade positiva. Com a mediação do Estado, eles saem do círculo vicioso por cima.

O controle dos preços nacionais durante a guerra é confiado a um jovem economista que demonstra mais interesse pelo funcionamento real da economia do que pelo modelo abstrato do livre mercado: John Kenneth Galbraith. Contudo, o funcionamento real desmente impiedosamente o modelo. Longe de fazer descarrilar a locomotiva econômica, a mão visível do Estado a conduz para um desempenho inigualável: desemprego zero, inflação mínima e um Produto Nacional Bruto que, em alguns anos, aumenta mais de um terço.[59] Esta é uma "terapia de choque" que dá certo. Se a economia americana emerge da crise dos anos 1930 e da guerra dos anos 1940 para ocupar a posição dominante no mundo, deve isso à intervenção do Estado.

O Estado é de fato uma coisa muito poderosa. Só o Estado pode tirar os negócios dos círculos viciosos em que constantemente caem. Quando um ciclo de reciprocidade negativa é desencadeado, dois casos são possíveis: ou o Estado deixa a reciprocidade negativa se perpetuar, ou intervém diretamente para dar um fim à questão. Não há uma terceira via.

O papel do Estado na economia não pode se limitar a garantir que as regras sejam respeitadas. As regras do mercado não são autossuficientes. Estas ignoram a obrigação de dar, de receber e de devolver que fundam a reciprocidade positiva. Sem dúvida, no mercado, a reciprocidade positiva está ausente do nível das transações individuais. Mas nem por isso ela é eliminada, ela só é deslocada para o metanível. Nas sociedades modernas, esse metanível é político, ele é do âmbito do Estado. O Estado substitui as instâncias rituais que se encarregam da organização social nas primeiras sociedades humanas.[60] Cabe, portanto, ao Estado cuidar do caráter positivo da reciprocidade que

---

[59] Ibidem, p. 170-71 (Galbraith observa que a desregulamentação dos preços depois da Segunda Guerra causou em 1946 e 1947 uma inflação moderada, mas sem derrapagem).
[60] Sobre a passagem de uma organização ritual da sociedade para uma organização política, ver Athur Maurice Hozart, *Rois et Courtisans*. Karnoouh, Martinee Sabban, Richard. (trad.). Paris: Le Seuil, 1978.

emerge das inúmeras transações, isoladas, mas interdependentes, feitas no mercado.

O maior homem de Estado do século XX compreendia intuitivamente a reciprocidade. Em seu primeiro discurso presidencial, Franklin D. Roosevelt evidentemente não cita Marcel Mauss, mas evoca, uma a uma, as três obrigações definidas pelo antropólogo francês dez anos antes em *Ensaio sobre o Dom*. Primeiro, a obrigação de dar: "Agora reconhecemos, como jamais reconhecemos antes, nossa interdependência; que não podemos só pegar, mas que devemos dar também [...]".[61] Em seguida, a obrigação de devolver: "Pela confiança depositada em mim retribuirei com a coragem e a dedicação que a ocasião exige. Não poderia fazer menos".[62] Enfim, na conclusão do discurso, a obrigação esquecida com mais frequência, a de receber. "Designando-me como líder neste momento de crise", diz Roosevelt, os cidadãos dos Estados Unidos "fizeram de mim o instrumento presente de suas vontades". E essa responsabilidade, ele a vê como uma dádiva, uma dádiva que ele aceita em conformidade com o espírito do dom: "*No espírito do presente, eu o aceito*[63]".[64]

Evocando dessa maneira o espírito do dom, Roosevelt coloca-se como o instrumento dessa reciprocidade que a multidão de indivíduos isolados não pode expressar sem passar pela mediação de um terceiro. As palavras de Roosevelt não caem no vazio. Suscitam uma reação

---

[61] Franklin D. Roosevelt, op, cit., 1957, p. 93.
[62] Ibidem, p. 94.
[63] *(In the spirit of the gift) I take it.*
[64] Ibidem, p. 95.

sem precedentes junto à multidão. Na semana seguinte, cerca de meio milhão de cidadãos escreve, cada um de seu lado, cartas para seu novo presidente. O empregado da Casa Branca que se encarregava sozinho da correspondência terá de contratar não menos do que cinquenta assistentes.[65] O recrutamento direto pelo Estado começou bem.

Quando não há vínculos pessoais de reciprocidade no plano individual, o círculo deve se fechar no metanível, ou então não se fechará. Na ausência de um mediador capaz de se encarregar do nível global das trocas, as operações discretas não podem mais acontecer. Os agentes individuais, estranhos uns aos outros, não têm nada que os una. É a própria impessoalidade das relações comerciais, fundadas apenas na sociabilidade secundária, que exige das pessoas envolvidas na troca uma fé em algo que vai além delas. A missão mais importante realizada, desde seu primeiro discurso, pelo presidente Roosevelt, foi ter inspirado essa fé.

---

[65] William E. Leuchtenburg, op, cit., 1963, p. 42, 331.

capítulo 3
você e eu

> São uma pessoa.
> São dois sozinhos.
> São três juntos.
> São um para o outro.
> Stephen Stills

Um, deus, você[1]

Como a economia mercantil interrompe as ligações pessoais de reciprocidade entre indivíduos, o desvio pelo metanível se mostra ainda mais necessário para garantir a unidade do conjunto. É o que acabamos de ver no fim do último precedente. E no caso contrário? Se uma ligação de reciprocidade existe efetivamente entre duas pessoas, esta é suficiente para mantê-las juntas? Em outras palavras, o círculo pode se fechar diretamente, sem passar por um metanível transcendente? Essa é a pergunta que se coloca para o casal moderno quando sai do contexto ritual conferido pelo casamento religioso.

No capítulo anterior, aproximamos a economia e o casamento modernos tal como são analisados por

---

[1] Em francês, *un dieu, toi*; um jogo de palavras com os numerais *un, deux, trois* (um, dois, três). (N. T.)

Claude Lévi-Strauss em *As Estruturas Elementares do Parentesco:* são dois imensos sistemas de reciprocidade indireta que colocam o indivíduo diante do grupo social como um todo. Entretanto, ao contrário da economia, o casamento instaura também uma ligação de reciprocidade direta no plano individual. A bondade mútua, que não ocorre no açougue ou na padaria, encontra refúgio no casal. Enquanto as transações do mercado tornam os atores estranhos uns aos outros, o casal é um lugar privilegiado para não mais sê-lo. Sem dúvida, é no que os sociólogos chamam "mercado matrimonial" que os indivíduos buscam o parceiro ou a parceira de seus sonhos. Depois de tê-lo encontrado, porém, supõe-se que darão as costas para o mercado para construir uma relação duradoura.

Mas como podem construir essa relação se não têm fé em algo que vai além deles? Como podem fazer isso sem a ajuda de um mediador transcendente? A resposta das religiões tradicionais é simples: não é possível. Numa declaração feita para a publicação católica *Avvenire*, a atriz italiana Claudia Mori expressa o ponto de vista tradicional sobre essa pergunta com uma clareza admirável: "A união dos dois esposos exige que sejam três: se Deus não está presente entre o marido e a mulher, estão sós".[2] O deus de Mori, como o *hau* dos maoris, é o intermediário da relação entre os parceiros. E, nos dois casos, a ajuda do mediador exige um complemento de fé.

---

[2] Citado em Marco Gregoretti e Antonello Piroso, "Proposta indecente. O no?, *Panorama*, 16 mai., 1993, p. 65.

Pois bem, liberando progressivamente o casal das imposições da fé religiosa como da lei civil, a sociedade moderna permite-lhe determinar-se sozinho. Porém, essa liberação tem um preço: a fragilização de uma relação cuja existência depende a qualquer momento do bem querer de cada parceiro. Contudo, essa relação frágil deve suportar um peso ainda maior porque a importância crescente das transações comerciais no restante da vida social acarreta a precariedade de todas as outras instituições. A relação antagônica instaurada pelo romantismo entre os amantes e a sociedade acaba se invertendo, como observa o terapeuta de família Philippe Caillé. Se na época da publicação de *Madame Bovary* ou de *O Amante de Lady Chatterley* um casal ainda podia "desafiar o consenso social", hoje seria antes o contrário: "A evolução social desafia o casal".[3]

Em 1948, vinte anos apenas depois da publicação do romance de D. H. Lawrence, um livro de Margaret Mead citado por Philippe Caillé[4] já reflete essa evolução. "Num contexto que nada poderia romper", escreve o antropólogo americano, "era possível se deixar levar por brigas, amofinações, acessos de frieza e de teimosia. Agora, cada briga acaba em questões como: 'Você quer se divorciar?' Quero me divorciar?... É o fim?'" Mas numa sociedade em que se mantém "um olho voltado para o futuro que talvez vai mudar tudo" e em que se acolhe "com entusiasmo e otimismo" cada "emprego, cada lar, cada amigo e cada amante" – numa sociedade que coloca o indivíduo a todo

---

[3] Philippe Caillé, op. cit., 1991, p. 136.
[4] Ibidem, p. 136-37.

instante diante de uma multidão de homens e mulheres que são todos parceiros potenciais –, nunca há motivo de desespero. O fim de uma relação só abre a porta para uma outra: "Se o casamento fracassou, então não era isso, mas da próxima vez vai dar certo".[5]

Convencido dessa filosofia, o jovem ator de Hollywood Charlie Sheen soube comentar, com uma indolência exemplar, o fim de seu casamento depois de só seis meses: "Compra-se um carro, ele enguiça. O que se pode fazer?".[6] Essa metáfora mecânica aplicada ao casamento demonstra a que ponto a racionalidade funcional invade agora o último bastião da sociabilidade primária. Anos-luz separam o astro norte-americano dos sentimentos religiosos manifestados pela atriz italiana. Não haveria mais nada de sagrado na nossa modernidade desencantada?

Lady Chatterley, seu amante e John Thomas

Escrevendo na mesma época que Mead, Lévi-Strauss evocava, na introdução à obra de Mauss, "a atmosfera sagrada e cheia de tabus que, nos Estados Unidos mais do que em outras partes, impregna a vida sexual".[7] Mas os

---

[5] Tendo ela mesma se divorciado três vezes, Mead dizia com um otimismo impagável que todos os seus casamentos "tinham sido um grande sucesso" (Jane Howard, 1984, p. 400).
[6] Ellen Goodman, "What world the foremothers say?", *International Herald Tribune*, 28 ago., 1996, p. 11.
[7] Claude Lévi-Strauss, 1983, p. XLIV.

costumes sofreram, desde essa época, as mudanças que conhecemos. Nos Estados Unidos e em outras partes do mundo, os tabus sagrados recuaram, e o sexo se tornou um grande dever, um dever que, com a chegada da aids, vem junto, como guiar um carro, com indicações obrigatórias de segurança.[8]

Entretanto, o perigo mais temido é talvez menos a doença do que o "desfuncionamento". Amantes que enfrentam "um problema de mau funcionamento" encontrarão facilmente conselhos técnicos nos guias de "autoajuda", abundantes no mercado. Infelizmente, a consulta de um manual pode ser contraproducente em questão de sexualidade humana. Não só nenhuma sequência de procedimentos técnicos leva diretamente ao objetivo desejado, mas o próprio fato de seguir esse objetivo com um esforço voluntário tende a mergulhar o sujeito no círculo vicioso. Paul Watzlawick e seus colegas de Palo Alto identificaram o paradoxo que temos aqui, a nova versão do duplo vínculo "sejam espontâneos" que já identificamos no caso do dom: "uma ereção ou um orgasmo são fenômenos espontâneos; quanto mais são esperados, desejados, mais são almejados, e menores são as chances de serem realizados".[9] Assim, a interiorização de uma exigência de "desempenho" masculino pode acabar exacerbando a impotência, como se toda tentativa do homem de controlar sua própria sexualidade tivesse de se limitar à obstinação perversa de seu pênis refratário.

---

[8] "Para um prazer com um máximo de segurança", diz uma propaganda publicada em *Le Nouvel Observateur* (15 mar. 2001), "Durex recomenda Opel Corsa".
[9] Paul Watzlawick, John H. Weakland e Richard Fisch, *Changements. Paradoxes et psychothérapie*. Furlan, P. (trad.). Paris: Le Seuil, 1975, p. 88.

Num livro dos anos 1970 cujo estilo "tranquilo" rompia com a corrente da sexologia técnica, Alex Comfort propunha, talvez sem saber, uma solução para esse duplo vínculo quando evocava a importância simbólica do pênis, que parece ter uma "vontade própria", uma "personalidade", a tal ponto que os amantes podem ser levados a tratá-lo como um "terceiro": "é um bom sinal na relação amorosa quando, mesmo sendo incontestavelmente dele, o pênis pertence também aos dois".[10] Ou, como lady Chatterley diz a seu amante no romance de D. H. Lawrence: "Ele é meu; não somente teu! Meu!". E quando ela declara: "Como gosto dos teus pelos nesse lugar!", o guarda-caça objeta "São de John Thomas, não meus", antes de se queixar: "E às vezes não sei o que fazer com ele. Ele tem vontade própria".[11]

O órgão masculino aparece nessas passagens de fato como um terceiro. "Como um outro ser!",[12] diz lady Chatterley. E esse ser é o intermediário da relação entre os parceiros, um pouco como no espírito do dom. De fato, o guarda-caça o apresenta a lady Chatterley exatamente como se ele lhe oferecesse um presente: "Aqui está! Disse. Pegue-o, ele é seu".[13] Pois bem, percebemos

---

[10] Alex Comfort, *The Joy of Sex*. Nova York: Crown,1972, p. 80-81.
[11] David Herbert Lawrence, 1991, p. 269. Lawrence e Comfort empregam a mesma expressão em inglês para designar a "vontade própria do pênis: *"a will of his [its] own"* (Lawrence, 1960, p. 220). Também restituímos seu nome a Thomas. Afinal, ele chegará a receber, algumas páginas mais adiante, o título de "Sir John" (1960, p. 237). Acrescentemos que Lawrence escreveu outra versão do romance com o título *John Thomas et Lady Jane*.
[12] *"Like another being!"* (David Herbert. *Lady Chatterley's Lover*. Harmond Sworth: Penguin, p. 219).
[13] David Herbert Lawrence, *L'Amant de Lady Chatterley's*. Nordon, Pierre (trad.). Paris: Le Livre de Poche, 1991, p. 270.

a analogia com o dom tal como Mauss a analisa. Por um lado, é um prolongamento simbólico do homem; por outro, é dotado de uma vontade autônoma por um animismo esclarecido. Trata-se de um animismo cujo equivalente encontramos nos maoris, para quem "toda forma de crescimento, inclusive a ereção, era um índice da atividade dos deuses".[14]

A mesma autonomia, que causa problema enquanto o pênis é relacionado diretamente ao homem, se torna uma vantagem apreciável ao ser exteriorizado. A mulher que pergunta "O que você tem esta noite?" agrava o duplo vínculo ao interpretar o sexo do homem como um índice transparente que permite ler seu estado de espírito. Para desfazer a armadilha, basta que ela reformule sua pergunta, falando sobre "John Thomas": "O que ele tem esta noite?".

Jeito metafórico de falar, mas sem sombra de desconhecimento (*méconnaissance*). A espontaneidade da sexualidade é tão grande que ela escapa do controle direto do homem. Quanto mais ele tenta submeter à sua vontade seu órgão rebelde, mais este se vingará dele. Para sair do círculo vicioso da impotência disfuncional, o homem deve aceitar uma certa impotência intrínseca, reconhecendo no próprio sexo uma "coisa muito poderosa". Paradoxalmente, é reificando o sexo como força autônoma que o homem reencontra ao mesmo tempo maior espontaneidade e maior controle.

---

[14] Allan F. Hanson e Louise Hanson, *Counterpoint in Maori Culture*. Londres: Routledge & Kegan Paul, 1983, p. 91. A palavra "deuses" traduz aqui o termo maori *atua*.

Quem vai lavar os copos?

Certamente, as dificuldades sexuais não poderão ser resolvidas dessa maneira se esconderem problemas mais profundos do casal. Se a relação entre os parceiros não for boa desde o começo, John Thomas será provavelmente incapaz de salvá-la. Voltar à fonte dos problemas implica perguntar sobre a ligação de reciprocidade que há entre as duas pessoas. Na terapia conjugal, afirmam os psicólogos de Palo Alto, "os problemas em geral têm mais relação com a dificuldade quase insolúvel de mudar a natureza do acordo sobre as *prestações mútuas* que, no começo, constituiu a base da relação". De fato, segundo a equipe de Watzlawick, toda relação se baseia inevitavelmente na troca dissimulada de prestações, com todos os paradoxos que isso acarreta:

> Como nos sentimos reais à medida que uma outra pessoa cuja importância reconhecemos confirma ou concorda com a imagem que temos de nós mesmos, e como essa confirmação só é eficaz se for espontânea, só um caso ideal de relação humana poderia ser realmente desprovido de paradoxo. O fator *colusão* em geral está mais ou menos presente e se revela na forma de uma negociação: "Seja assim comigo, e eu serei de tal forma com você".[15]

---

[15] Paul Watzlawick, John H. Weakland e Richard Fisch, op. cit., 1975, p. 93.

Reencontramos novamente aqui a tensão aparente entre a espontaneidade da generosidade e a exigência de reciprocidade. Vendo nesta o resultado de uma "colusão" entre os parceiros, os psicólogos de Palo Alto parecem reduzir a generosidade a uma questão de "ficção, formalismo e mentira social", para retomar uma fórmula de Mauss citada no início do último capítulo. Se essa fórmula resumisse sozinha toda a realidade das prestações mútuas, poderíamos crer que não são verdadeiros "dons". E, observaremos, na frase sobre a "colusão", que não se trata de dons mas, sobretudo, de *negociação*.

Tentamos mostrar que a existência efetiva do dom no contexto arcaico descrito por Mauss reside na inclusão de um terceiro mediador na troca. Pois bem, o dicionário *Petit Robert* define da seguinte forma a palavra "colusão": "Acordo secreto em detrimento de um terceiro". É o terceiro que é excluído da transação na concepção individualista da troca. E é verdade que o recurso de um mediador mágico não é praticamente concebível no contexto moderno. Isso significa que a reciprocidade no casal só poderia ser uma versão mais ou menos dissimulada da troca comercial?

"Quando esse tipo de mercado 'algo em troca de outra coisa' não existe", insistem Watzlawick e seus colegas, "quando não são aceitas" as prestações mútuas de uma relação "como fazendo parte do jogo da vida [...] nós deparamos necessariamente com problemas".[16] Porém, as prestações recíprocas formam, sem sombra de dúvida, um

---

[16] Ibidem.

substrato indispensável para que uma relação não deixe de ter consistência. Mas o pragmatismo comercial está longe de constituir uma base suficiente para uma relação sentimental durável. Pelo contrário, quando a reciprocidade é imediata e direta, quando cada um se preocupa exclusivamente com uma retribuição exata nas trocas, a relação também é ameaçada.

É o que confirmam dois estudos empíricos citados por Robert Frank.[17] Clark e Mills (1979) "pensaram que o fato de retribuir diretamente um ato benevolente do parceiro levava não a aumentar, mas a reduzir, a satisfação deste último", ao passo que Murstein, Cerreto e MacDonald (1977) constataram uma correlação negativa entre a satisfação conjugal e "a orientação para a troca" indicada por enunciados do tipo: "Se eu lavar a louça três vezes por semana, espero que meu parceiro a lave três vezes por semana".

Depois de ter bebido champanhe à luz de velas, quem vai lavar as taças? Essa é a prova da manhã seguinte que o amor mais apaixonado dificilmente pode evitar. O sociólogo de Quebec, Jacques Godbout, imagina três diálogos para ilustrar as três atitudes possíveis em relação à reciprocidade em uma relação.[18] No primeiro diálogo, *cada um* dos parceiros pensa dar *mais* do que recebe:

---

[17] Robert H. Frank, *Passions within reason*. Nova York: Northon, 1988, p. 200.
[18] Jacques T. Godbout, "L'etat d'endentement mutuel". *La Revue du Mauss sementielle*, n. 4, 1994, p. 214-15 (retomado, com algumas variantes, em Jacques T. Godbout, *Le Don, la Dette et l'Identité Homo donator vs homo oeconomicus*. Paris: La Découverte/Mauss, 2000, p. 54-55).

> – É a sua vez de lavar a louça.
> – De forma alguma, sempre sou eu que lavo; ontem, por exemplo, justamente...
> – Ontem, talvez, mas em geral sou sempre eu.
> – Sim, mas eu fiz outra coisa etc.

Os parceiros desse primeiro diálogo encontram-se num estado paradoxal e pouco invejável que Godbout chama estado de "dívida mútua negativa".

Os parceiros do segundo diálogo escapam de qualquer estado de endividamento. Praticam de forma muito consciente a reversibilidade ou *a alternância* das prestações mútuas:

> – Creio que é a minha vez de lavar a louça.
> – Sim, você tem razão.

"Diálogo que se ouve raramente nos fatos", comenta Godbout, "pois essa reversibilidade funciona mais com o implícito." A reciprocidade imediata e direta que se vê no segundo caso sem dúvida se aproxima mais da "colusão" descrita pelos psicólogos de Palo Alto, que falam por sua vez de um "contrato tácito cujos parceiros em geral são incapazes de formular claramente suas condições".[19]

Quanto ao terceiro diálogo, este encena uma situação simétrica à do primeiro. Dessa vez, cada um dos parceiros pensa dar *menos* do que recebe:

---

[19] Paul Watzlawick, John H. Weakland e Richard Fisch, op. cit., 1975, p. 93-94.

– Deixe, eu vou lavar a louça, você a lavou ontem.
– De jeito nenhum, é sempre você que lava, e depois, de qualquer maneira, você faz tantas coisas, deixe-me pelo menos fazer esta.
– Não, que história é essa etc.

Comparados com os atores do primeiro diálogo, os parceiros deste estão num estado mais feliz, mas paradoxal também, que Godbout chama estado de "dúvida mútua positiva". Porém, positiva ou negativa, como uma "dívida mútua" é possível? Antes de tentar responder a essa pergunta, consideremos primeiro o caso que parece ser o menos problemático, aquele em que cada um evita dever para o outro.

Nos três casos imaginados por Godbout, de fato o menos paradoxal e o mais fácil de ser apreendido é sem dúvida a simples alternância de prestações. Situada entre esses dois extremos que constituem as formas opostas de dívida mútua, a alternância corre o risco de se mostrar equilibrada. "É sua vez. – Você tem razão": o que há de mais *razoável* do que essa fidelidade escrupulosa à regra de dar e de retribuir prontamente, cada um na sua vez? Sem dúvida é razoável no contexto do "modelo mercantil da equivalência", em que, como observa Godbout, a dívida é "algo de que é preciso se livrar".[20] Mas é muito menos razoável no contexto da troca de dádiva, em que essa "pressa de estar quites, de não dever nada" não tem seu lugar.

---

[20] Jacques T, Godbout, op. cit., 1994, p. 208.

Em seu estudo sobre economias da "idade da pedra", Marshall Sahlins constata que "a reciprocidade simétrica não é absolutamente a forma dominante da troca para a maioria dos primitivos", e por uma boa razão: "[...] a troca simétrica de valor rigorosamente equivalente comporta uma desvantagem importante do ponto de vista da aliança: apagando a dívida, abre-se a possibilidade de uma ruptura de contrato".[21] Mas o mesmo perigo existe no caso de uma "orientação para a troca" muito rigorosa no casal, em que só se pensa em equilibrar as contas. No máximo, para retomar os termos do exemplo dado por Murstein, Cerreto e MacDonald, quando tiver lavado a louça três vezes durante a semana e o meu parceiro também tiver lavado três vezes, no sétimo dia, só teremos duas opções: ir ao restaurante – ou nos divorciarmos...

Conclusão absurda: mas a troca de um copo lavado por um copo lavado é em si mesma absurda do ponto de vista econômico. Esse tipo de mercado perfeitamente circular não poderia durar muito tempo, se não reconhecermos que há mais na troca do que as prestações trocadas. Nas sociedades estudadas por Sahlins, Mauss ou Lévi-Strauss, a reciprocidade serve para manter a relação entre grupos aliados. Não se dá para receber, troca-se para trocar, pois as trocas fazem a relação viver. Mas num casal que procura implicitamente respeitar "a troca simétrica de valor rigorosamente equivalente", essa "colusão" entre os parceiros ocorre em detrimento da relação.

---

[21] Marshall Sahlins, *Age de Pierre, Age d'abondance*. Jolas, Tina (trad.). Paris: Gallimard, 1976, p. 282-83.

A possibilidade de uma ruptura de contrato é ainda maior porque, para começar, o contrato não tem flexibilidade. Nem o contexto, nem o caráter de uma relação podem ser estabelecidos de uma vez por todas, os termos da reciprocidade devem poder evoluir também. Se os terapeutas de Palo Alto constatam com tanta frequência a quase impossibilidade de mudar a natureza do contrato tácito na base de uma relação, é provavelmente porque os casais baseados num acordo inflexível são justamente aqueles que correm mais risco de acabar na terapia conjugal. E sendo assim, quais são as probabilidades de sobrevida desses casais americanos que, longe de serem "incapazes de formular claramente as condições" do acordo que os une, têm o cuidado de explicitar os termos desse acordo com a ajuda de um advogado?

De fato, parece que um número crescente de casamentos nos Estados Unidos é preparado por documentos legais que especificam minuciosamente que prestações cada parceiro tem o direito de esperar de seu cônjuge. Concebidos inicialmente para prever a divisão dos bens em caso de divórcio, esses contratos preveem agora a divisão das responsabilidades durante o próprio casamento, como lavar a louça ou levar seu cônjuge ao restaurante, sem falar da educação dos filhos ou de limpar os excrementos do cachorro... Um homem chegou a obter de sua noiva o comprometimento de pagar uma multa se ela viesse um dia a ganhar peso.[22]

---

[22] Krier, 1986; cf. Robert H. Frank, *Passions Within Reason*. Nova York: Northon, 1988, p. 201.

Esta última determinação mostra um deslocamento entre a boa reciprocidade das prestações mútuas e a má reciprocidade do talião. Um deslocamento que se tornou inevitável pela tentativa de reduzir a relação a um contrato rígido de tipo comercial. Afinal, há pouca esperança de que os parceiros consigam satisfazer eternamente exigências elaboradas de uma forma imobilizada no momento do casamento, e, na perspectiva de um contrato desse tipo, toda mudança será interpretada como uma violação cometida em detrimento do parceiro: resumindo, como uma *agressão*. Mas cada agressão corre o risco de desencadear um círculo sem fim de represálias, conforme um mecanismo que podemos ilustrar com o seguinte diálogo:

> – É a sua vez de lavar a louça.
> – De jeito nenhum, você se esqueceu de lavar a louça ontem.
> – Ontem, talvez, mas em geral você sempre faz com que eu a lave.
> – É, mas você faz tão pouca coisa que deveria pelo menos fazer isso etc.

Reconheceremos aqui a lógica da "dívida mútua negativa": cada parceiro pensa que dá mais do que recebe. De fato, simplesmente retomamos o primeiro diálogo de Godbout, modificando-o ligeiramente para ressaltar a acusação que mal se esconde por trás da afirmação original: "Sempre sou eu" que lavo a louça. Dizer que sempre sou eu que lavo significa dizer que nunca é você. Se cada um diz "sempre sou eu", cada um acusa o outro de dar menos do que ele. E, se cada um acredita que por isso é lesado pelo outro, cada um se sentirá com razão de dar menos de si no futuro: é o único meio de reparar o erro imposto no passado. Mas, se eu decidir lhe dar uma lição dando menos, com isso confirmarei sua ideia de que sou *eu* que dou menos – e que o incitarei a dar menos ainda na sua vez...

Percebe-se, portanto, que estar num estado de endividamento mútuo negativo significa estar preso num círculo vicioso. Um círculo vicioso totalmente familiar, pois não se trata senão do círculo da vingança. Perguntar como uma dívida mútua negativa é possível é como perguntar como a vingança é possível. Também na vingança cada um pensa sempre que é o outro que está errado. O estado do endividamento mútuo negativo não é, portanto, nem mais nem menos paradoxal do que a vingança. É um estado regulado pela palavra de ordem: *não dar àquele que não deu*. Quando cada parceiro pensa que dá mais do que recebe, ele fica alerta, prestes a interpretar a menor negligência como uma injúria. Não lavar a louça parecerá uma ofensa suprema: o culpado deverá pagar. E aquele que não lavou a louça porque o outro não a lavou? Enquanto cada um ficar olhando para trás, para o que o outro fez ou não fez, a dívida mútua negativa não deixará de se perpetuar.

Para se livrar disso, é preciso que cada um esteja disposto a se *sacrificar* num determinado momento – mesmo ao preço supremo de lavar a louça duas vezes em seguida... – colocando sua confiança no futuro da relação com o outro.[23] Como dizia Mauss, é preciso

---

[23] Paul Dumouchel chega a uma conclusão análoga quando usa a teoria dos jogos para analisar o dilema de dois estudantes que dividem uma cozinha onde há sempre louça suja e ninguém aceita lavá-la enquanto não pode

"desconfiar sempre" ou "confiar inteiramente": não há meio-termo. A solução intermediária seria seguir estritamente o princípio da alternância das prestações, mas é uma solução instável pelas razões que acabamos de ver. Ao passar para o estado de endividamento mútuo positivo, nos diz Godbout, os "doadores fogem do princípio da alternância no tempo para ir para um outro princípio, que se pode caracterizar justamente como um estado em que o tempo não interfere mais".[24] Ou talvez, diríamos, um estado em que o tempo interfere *de outra forma*...

A passagem para a dívida mútua positiva exige, segundo Godbout, "um tipo de salto, de transposição da temporalidade linear".[25] Porém, esse salto, além da temporalidade linear, implica uma *aposta:* uma aposta sobre a *circularidade*. Como dizem as pessoas interrogadas por Godbout sobre sua concepção do dom, "é uma roda que gira". E Godbout explica que essa imagem circular "significa que se dá o máximo possível e, se um dia precisarmos, também receberemos".[26] Na dívida mútua positiva, *receberemos* amanhã, se dermos hoje; na dívida mútua negativa, não se dá hoje se não se recebeu ontem. Dessa forma, entre a dívida mútua negativa e a dívida mútua positiva, há simultaneamente inversão da orientação temporal e conservação da circularidade.

---

contar com o outro para fazê-lo da próxima vez: seria preciso "fazer com que os jogadores sacrificassem um ganho imediato tendo em vista um ganho maior mais tarde. O problema é criar nos jogadores confiança suficiente no futuro" (1995, p. 76-77).
[24] Jacques T. Godbout, op. cit., 1994, p. 217.
[25] Ibidem, p. 213.
[26] Ibidem, p. 218.

Os pais, os filhos e o Papai Noel

Mas resta compreender a própria possibilidade de uma "dívida mútua positiva". Como é possível que cada parceiro pense que dá menos do que recebe? Num comentário sobre o artigo de Godbout, Alain Caillé propõe várias respostas para essa pergunta, entre as quais duas em particular nos interessam. Por um lado, Caillé observa que, "mesmo de um ponto de vista estritamente econômico, os *estados cooperativos* são infinitamente superiores aos *estados não cooperativos*". Quando se vive harmoniosamente a dois, economiza-se bastante, e cada um obtém um benefício que ultrapassa realmente o que ele dá. A divisão do trabalho "obedece praticamente aos critérios do endividamento positivo", nota Caillé: "Ela chega a multiplicar as riquezas muito além das contribuições individuais de uma parte e de outra".[27]

Essas observações de Caillé nos lembram como Jonathan Parry explicava a crença dos maoris no poder de vida e morte do *hau*. Fazendo circular a dádiva, esta garante uma "fonte aparentemente mágica de crescimento e de produtividade", pois o dom atrai normalmente uma mais--valia e aumenta ao circular". Essa é a razão pela qual os maoris têm boas razões para não querer "desviar o *hau*", interrompendo o que Dominique Casajus chamava *fluxos* de dádivas, esses fluxos cujo vaivém parece ultrapassar a ação de cada parceiro individual. Mas Caillé fala também de uma "dinâmica que transcende o ser individual

---

[27] Alain Caillé, "Tout le monde gagne Comment un état d'endettement mutuel positif est-il possible? Brefs commentaries sur l'article de Jacques Godbout". *La Pevue du Mauss semestrielle*, n. 4, 1994, p. 225.

separado, e até a existência humana coletiva", ou seja, "o fluxo da vida e da doação".[28]

Para Alain Caillé, de fato, o movimento da "doação" não é só fonte de abundância econômica, mas se identifica com a própria vida. Quando nos tornamos o lastro do fluxo da doação, imitamos simbolicamente, e fazemos advir realmente, a vida. E se, num estado de dívida mútua positiva, cada doador sente que recebe mais do que dá é porque "a vida e a doação são infinitas" em relação a todos os dons e contradons possíveis. Dessa forma, em alguns casais, nos diz Caillé, "os cônjuges agradecem um ao outro por terem se tornado pai ou mãe. E são agradecidos à criança por tê-los tornado conjuntamente pais. São agradecidos por serem colocados no fluxo da vida e da doação".[29]

Esse exemplo de Caillé ressalta novamente a importância da figura do terceiro. Ele nos mostra uma tríade em que cada relação entre duas pessoas é mediada pela terceira. Se o homem é pai da criança é graças à mulher; se ela é mãe da criança é graças ao homem. Enfim, se o homem e a mulher são pais juntos é graças à criança. Uma vez que a identidade do casal se baseia no papel de pais, para o qual os dois colaboram, a criança é o terceiro que garante que a relação deles não seja reduzida a um simples comércio do tipo: "Seja assim comigo, e eu serei assim com você". Entretanto, não se poderia ver na criança o único terceiro mediador da relação do casal. Não apenas

[28] Ibidem, p. 224-25.
[29] Ibid.

há evidentemente casais sem filhos, mas, mesmo no caso contrário, quando os pais depositam exclusivamente nos ombros do filho sua relação de casal, este terá uma carga bem pesada para carregar.

Alain Caillé observa também com razão que os "pais querem continuar a dar para seus filhos; e não receber, em geral".[30] Mas esperando um dia serem inseridos por sua vez no "fluxo da vida e da doação" por intermédio de seus próprios filhos, o que farão os filhos dessa generosidade de mão única? É interessante, a esse respeito, constatar a emergência, mesmo num quadro moderno dessacralizado, de um novo mediador mágico. É o que se vê na época dos presentes de Natal dados às crianças. Como observa Jean-Pierre Klein, o "rito do papai Noel pode servir para designar um personagem mítico e afastar o que a dádiva de uma pessoa para outra [...] podia significar em termos de agressividade possessiva", revelando ao mesmo tempo "essa dimensão do dom que também é maná, presente sobrenatural, lembrança do primeiro dom que é de vida".[31]

Foi só alguns anos depois da guerra, com a retomada da atividade econômica e sob a influência do modelo cultural norte-americano, que a figura do Papai Noel estabeleceu sua influência nas crianças francesas. Personagens com barba branca e vestidos de vermelho começam a receber crianças nas lojas, enquanto as igrejas cristãs denunciam uma "paganização" crescente da festa

---

[30] Ibidem, p. 221.
[31] Jean-Pierre Klein, *Les Masques de L'Argent*. Paris: Laffont, 1984, p. 118.

de Natal. Num artigo escrito nessa época, Claude Lévi-Strauss procura, por sua vez, descobrir não "as razões pelas quais o Papai Noel agrada às crianças, mas as que levaram os adultos a inventá-lo".[32] Depois de ter examinado uma série de festas tradicionais em que os mais jovens personificam os mortos, o antropólogo chega à seguinte conclusão inesperada: "a crença na qual fazemos as nossas crianças acreditarem que os brinquedos vêm do além dá um álibi ao movimento secreto que nos incita, de fato, a oferecê-los ao além com o pretexto de dá-los às crianças. Através disso, os presentes de Natal são um verdadeiro sacrifício para a doce vida, que consiste primeiro em não morrer".[33]

Segundo Lévi-Strauss, então, o verdadeiro terceiro mediador aqui é menos o Papai Noel do que a própria criança, que, ao aceitar os presentes deste último, instaura uma relação indireta entre seus pais e o além. Mas ainda é preciso especificar o significado desse além. O que se trata de transcender não é só a morte, com tudo o que esta representa em termos de "empobrecimento, seca e privação", como diz Lévi-Strauss, é sem dúvida também a pobreza e a esterilidade das trocas puramente interessadas. A doce vida à qual nos sacrificamos por meio dos presentes de Natal é mais especialmente a doçura da *doação:* a doação espontânea, não interessada, que encarna justamente o Papai Noel. De fato, perguntando sobre o

---

[32] Claude Lévi-Strauss, op. cit., 1952, p. 1574.
[33] Ibidem, p. 1589.

"cuidado terno que temos em relação ao Papai Noel" e "os sacrifícios que aceitamos para manter seu prestígio", Lévi-Strauss indaga: "Não é verdade que no fundo de nós está sempre presente o desejo de acreditar, por pouco que seja, numa generosidade sem controle, numa gentileza sem segundas intenções [...]?".[34]

Ao colocar os presentes na árvore sem que a criança saiba e atribuí-los a um ser sobrenatural situado no metanível, os pais garantem a espontaneidade de sua generosidade. E se, além disso, o culto do Papai Noel se afirma com a escalada da economia comercial, é não só porque todos os anos impulsiona de forma decisiva o consumo, mas também porque oferece um refúgio para essa bondade livre de segunda intenções que está excluída das transações com o açougueiro e com o padeiro.

Contudo, não esqueçamos que, no início, propusemos ver esse refúgio na própria relação de casal. A criança e o Papai Noel fazem-nos reencontrar o nosso esquema do terceiro mediador na dádiva, sem que seja necessário responder às nossas interrogações iniciais. Lembremos que abordamos o tema do casal moderno perguntando-nos se uma ligação de reciprocidade entre apenas duas pessoas podia ser suficiente para mantê-las juntas. Ao acrescentarmos uma criança ao *script*, essa pessoa de carne e osso desempenhará um papel fundamental na vida do casal, mas não saberá fazer milagres: acreditar que sua chegada salvará uma relação infeliz significa provavelmente acreditar no Papai Noel.

---

[34] Ibidem.

Antes de concluir este capítulo, portanto, devemos retomar o problema da relação a dois tentando defini-lo da maneira mais rigorosa possível. Peguemos como exemplo um homem e uma mulher – mas poderíamos também pegar dois homens, ou duas mulheres, isso pouco importa – e vejamos se é logicamente possível construir, sem a ajuda do mediador transcendente oferecida pelo casamento religioso, uma relação de casal baseada no dom, e não numa versão mais ou menos dissimulada da troca comercial.

O lugar do terceiro

Como evitar que o dom e o contradom anulem-se mutuamente? Como evitar que, longe de ser percebida como uma nova dádiva, a prestação de volta pareça o simples pagamento de uma dívida? Esse problema foi o ponto de partida do último capítulo. Mas a dádiva *não* retribuída também traz problemas. Uma generosidade de mão única pode ficar impregnada de agressividade possessiva, relegando o candidato a uma dependência difícil de suportar, especialmente quando se trata de um adulto em vez de uma criança. Na verdade, a fonte do problema é sempre a exigência de reciprocidade. Mesmo quando esta não é satisfeita, não é menos suscetível de lançar uma sombra na espontaneidade da generosidade. Como evitar que, longe de ser percebida como uma verdadeiro dom, uma prestação sem retorno pareça a imposição de uma dívida não paga?

Tomemos o exemplo do dinheiro que uma mulher deverá aceitar de seu marido, se ela deixar seu trabalho depois do nascimento de um filho. Nesse caso, colocando paradoxalmente a própria mulher numa posição análoga à de uma criança obrigada a contar com outra para satisfazer suas necessidades. As novas mães "podem viver dificilmente sua dependência financeira em relação ao cônjuge", notam Jacques Godbout e Johanne Charbonneau, "pois elas se encontram momentaneamente na incapacidade de fazer sua parte. Elas podem receber sem poder devolver nos mesmos termos de antes".[35]

Vale sublinhar aqui *nos mesmos termos*. Essas mães continuam a fazer sua parte, mas de outra maneira. Cuidar de uma criança é fazer um trabalho indispensável: essa verdade elementar merece ser lembrada no momento em que os neoliberais anglo-saxões, incapazes de reconhecer algum valor no que sai do campo comercial, obstinam-se a cortar os subsídios para as mães pobres para colocá-las... "no trabalho". O fato de que a atividade de uma mãe em domicílio não seja remunerada não significa, entretanto, que ela não trabalhe. Porém, se o pai é o único que participa do mercado de trabalho, é ele que vai embolsar o dinheiro para os dois, e ela corre o risco de ter de pedir dinheiro para a mínima compra, a não ser que se aventure a mexer na sua calça à noite...

Em 1905, em Buffalo, no estado de Nova York, uma certa Sra. Joseph Schultz deu queixa do Sr. Joseph Schultz porque, irritado com as sangrias noturnas efetuadas por

---

[35] Jacques Godbout e Johanne Charbonneau, "La Dette positive dans le lien familial". In: *Ce que donner veut dire, La Revue du Mauss semestrielle*, n. 1, 1993, p. 250.

sua esposa no bolso em que ele guardava seu dinheiro, ele escondera uma ratazana. O juiz deu razão para o marido.[36] Hoje, espera-se que os homens sejam mais esclarecidos, mas a situação da mulher que depende financeiramente de seu cônjuge ainda é delicada. Se ele for menos mesquinho do que Joseph Schultz, ela não precisará pegar suas reservas às escondidas. Pode ser que fique incomodada por ter sempre de se dirigir a ele antes de ir ao açougueiro ou ao padeiro. É o caso de Anne e de Louise, duas mulheres citadas no estudo de Godbout e Charbonneau. Depois de ter dado a luz, Anne disse para seu marido que não pretendia pedir-lhe esmola cada vez que precisasse de vinte dólares para comprar coisinhas. Seu marido fez um cheque adiantado e é assim que "nós nos organizamos", explica Anne; assim que o dinheiro lhe falta, ela pede novamente para seu marido: "é só isso".[37]

A solução do cheque é de fato muito simples, mas só reduz o problema, não o resolve definitivamente. Se o valor do cheque for suficientemente alto, Anne poderá até comprar uma quantidade industrial de coisinhas, mas, cedo ou tarde, terá de pedir a seu marido um novo cheque. Desse ponto de vista, Louise e seu marido parecem ter encontrado um artifício mais eficaz quando deparavam com a mesma dificuldade. No começo, lembra-se Louise, ela tinha de pedir dinheiro antes de ir ao armazém, por exemplo, o que ela achava "muito difícil". Estabeleceram, então, um sistema em que o marido "colocava

---

[36] Viviana A. Zelizer, *The Social Meaning of Money*. Nova York: Basic Books, 1994, p. 46.
[37] Jacques T. Godbout e Johanne Charbonneau, op. cit., 1993, p. 251.

dinheiro num copo"; dessa maneira, ela não precisava mais lhe pedir nenhum dinheiro.[38]

A solução do copo evita que Louise peça dinheiro diretamente a seu marido. Ela pode pegar o dinheiro quando ele dá as costas – e isso, sem ter de espiar os momentos em que ele deixa o bolso de sua calça desprotegido. No fundo, é um pouco como se o marido de Louise esvaziasse sua carteira à noite numa meia, suspensa na lareira. Sem dúvida, Louise não acredita que o dinheiro tenha sido colocado no copo por um homem gordo de barba branca – a não ser que seu marido corresponda a essa descrição. Da mesma forma, quando o conteúdo do copo se volatiliza, seu marido sabe perfeitamente que não é culpa de Louise. Enfim, nenhum dos dois é enganado. Portanto, o desvio pelo copo poderia se mostrar como uma complicação gratuita. Colocar dinheiro no copo, tirar o mesmo dinheiro do mesmo copo: temos aí uma transação perfeitamente circular. O que representa o copo nessa história?

Antes de arriscar uma resposta a essa pergunta, deixemos de lado por um momento Louise e seu marido para observar uma sessão de terapia conjugal conduzida por Philippe Caillé. Ao receber um casal, ele coloca diante deles um vaso, ou uma gravura, ou até mesmo, de maneira mais sugestiva, uma cadeira vazia: "a cadeira do terceiro". Cada cônjuge deve responder duas vezes a qualquer pergunta feita pelo terapeuta, uma por si mesmo, e uma outra em nome desse terceiro cujo objeto simboliza a presença, e que não é senão a relação entre os membros

[38] Ibidem, p. 250-51.

do casal vista como um perfeito protagonista: o que Caillé chama "absoluto" do casal. Em geral, segundo ele, esse ator essencial é "deixado sozinho na sala de espera", e o terapeuta tende a assumir a posição de juiz diante dos dois demandantes que trocam acusações mútuas. Para sair desse impasse, é necessário dirigir a atenção dos antagonistas para a própria relação.[39]

A entidade invisível que ocupa a cadeira do terceiro é de fato uma coisa muito poderosa. Mesmo que tenha sido criada pelos dois indivíduos que compõem um casal, ela não se reduz de forma alguma a eles, pois condiciona seu comportamento de uma forma que vai além deles. Como explicar então que perpetuam, por suas ações recíprocas, um círculo vicioso do qual cada um quer tanto escapar? É só reconhecendo a exterioridade de sua relação, sua autonomia em relação a eles, que os membros do casal conseguem exercer sua capacidade de transformação e de reconquistar sua própria autonomia. Pedir aos parceiros que expressem seu ponto de vista a partir de seu "absoluto" da relação significa convidá-los a se situarem no metanível para sair do círculo vicioso por cima.

Sem dúvida, a existência desse metanível não se limita aos casais em dificuldade. Pode-se até supor que sua aceitação constitui a chave de uma relação feliz. Sem seu "absoluto", afirma Philippe Caillé, os dois parceiros "seriam estranhos um para o outro".[40] O absoluto de Caillé desempenha dessa forma o mesmo papel no casal que o Deus de Claudia

---

[39] Philippe Caillé, Un et un font trois. Le couple révélé à lui-même. Paris: ESF, 1991, p. 22.
[40] Ibidem, p. 13.

Mori, permitindo-nos reformular a proposta da atriz italiana. Para ser um casal a dois, é preciso que haja três: se esse absoluto entre os parceiros não existe, se está sozinho. Mas é um absoluto sem maiúscula, um além *auto*transcendente, criado por aqueles para quem se torna um determinante essencial do comportamento e da identidade.

Retomemos agora a questão do copo no qual o marido de Louise coloca o dinheiro que lhe é destinado. Como o vaso ou a cadeira na sala de consulta do terapeuta, esse copo é o lugar do terceiro. Ele remete ao que, na relação entre Louise e seu marido, está além dos dois. Colocando o seu dinheiro no copo, o marido não o dá simplesmente para Louise, ele o oferece para esse além. E quando Louise não tem mais dinheiro, não é ela que volta a pedir, é o copo que, mostrando-se vazio, exige uma nova dádiva em nome do mesmo além. Portanto, o desvio pelo copo não é gratuito. Ele faz a passagem para o metanível que garante a gratuidade do dom no plano dos indivíduos. Dessa maneira, Louise não tem de se sentir dependente *do marido*: ela é dependente, como ele, da relação que os une.

Que os une ainda mais por ultrapassar cada um deles. Cada um sabe que recebe mais da relação do que poderia. E é justamente por essa razão que cada um está disposto a dar mais num determinado momento.

"Nunca se está quite com o Cara lá de Cima", explica divertidamente um dos informantes de Godbout.[41] Mas não é necessário procurar um terceiro tão eminente. Nunca se

---

[41] Jacques T. Godbout, op. cit., 1994, p. 216.

está quite com a relação. Esta pode servir de mediadora contanto que seja exteriorizada, o que não implica necessariamente que se reifica na forma de um objeto exterior, mas que se lança numa dinâmica própria, autônoma, uma dinâmica definida por sua *circularidade*.

Buscando determinar melhor a natureza "dessa coisa estranha que é o absoluto do casal", Philippe Caillé observa não só que ela "gira fora do casal", mas que ela "também gira dentro dela mesma".[42] Porém, refletindo por sua vez sobre essa coisa não menos estranha que é a dívida mútua positiva, Alain Caillé diz que é como se, "de tanto girar cada vez mais rápido em si mesmo, o círculo do dom acabasse se desenvolvendo".[43] De fato, quando os parceiros dão sem se preocupar com uma retribuição exata, entregando-se à relação como a algo que vai além deles, a dádiva e a relação decolam juntas, e uma circularidade positiva é criada, preservando a dádiva de todo círculo vicioso. Pois se cada um dá para manter a relação, e não para receber uma retribuição do outro – se é de alguma maneira *da relação* que se espera a retribuição – não há a falsa ingenuidade de acreditar que as prestações eram oferecidas gratuitamente no plano dos indivíduos. O duplo vínculo entre a generosidade e a reciprocidade é desfeito graças ao reconhecimento do metanível. Esse reconhecimento não precisa ser explícito. Pode ser tácito, como no caso da colusão. Todavia, se a colusão se definir como um entendimento secreto em detrimento de um terceiro, trata-se desta vez de um entendimento secreto em benefício de um terceiro: a relação.

---

[42] Philippe Caillé, op. cit., 1991, p. 45.
[43] Alain Caillé, op. cit., 1994, p. 222-23.

"O presente dos Magos"

Terminemos considerando o caso de uma troca de dons num casal encenada por O. Henry, pseudônimo de William Sydney Porter, escritor norte-americano popular no início do século XX. Seu célebre conto *The Gift of the Magi*[44] [O presente dos Magos] começa falando de uma quantia de dinheiro: "Um dólar e oitenta e sete centavos.". É tudo o que Della pode economizar durante o ano negociando mesquinhamente com o açougueiro e o dono da mercearia. Essa parcimônia nas transações comerciais escondia um desejo generoso: o de poder comprar para Jim, seu marido, um presente de Natal não muito indigno. Mas já é véspera da festa e suas economias são muito insuficientes. Com lágrimas nos olhos, Della decide então vender o único tesouro que tem: sua volumosa cabeleira castanha que chega aos joelhos. Com os vinte dólares que ela ganha dessa maneira, compra uma corrente de platina que parece feita sob medida para o relógio de ouro de que Jim se orgulha tanto. Ao chegar em casa, Della arruma os poucos cachos minúsculos e apertados que lhe restam e fica esperando a chegada de seu marido.

Quando Jim chega, ele fita com um ar de estupefação os cachos estranhos da sua mulher. "Não me olhe dessa maneira", exclama Della, e ela explica para ele que vendera sua cabeleira para comprar um presente para ele. "Talvez os dias dos meus cabelos estivessem contados", acrescenta, "mas eu daria tudo sem pensar por amor a você."

---

[44] O. Henry, "The Gift of the Magi". In: *The Four Million*. Nova York, McClure, Phillips (retomado) em The Complete Works of O. Henry, v. 1, Garden City. Nova York: Double day, 1906.

Jim a beija antes de tirar do bolso do seu casaco gasto um embrulho que explica sua estupefação: ele contém um conjunto de pentes de tartaruga, decorados com joias, de uma cor perfeita para a cabeleira desaparecida. Pentes com que ela sempre sonhara e que não pode mais usar... Mas ela se consola pensando no presente que ela tem para Jim e que ele ainda não vira. Ela lhe dá a corrente sem mais demora e propõe colocá-la imediatamente no relógio. "Dell", responde, "deixemos de lado os presentes de Natal e vamos guardá-los por algum tempo. Eles são bonitos demais para serem usados agora. Eu vendi o relógio para ter dinheiro para comprar os pentes para você."

O círculo mais estranho nessa história é certamente o que une os dois presentes: a corrente para o relógio, comprada graças à venda da cabeleira, e os pentes para a cabeleira, comprados graças à venda do relógio. Nessa troca paradoxal, o dom e o contradom se anulam muito literalmente, não deixando nada. Do ponto de vista da utilidade econômica, ambos perdem. Cada um dá mais do que recebe. Deve-se concluir que Jim e Della se veem no fim da transação num estado de endividamento mútuo negativo?

A lógica da dívida mútua negativa é a mesma, dissemos, que a da vingança. E, de fato, no plano estritamente material, o resultado imediato teria sido idêntico se Jim tivesse cortado os cabelos de Della e se Della tivesse esmagado o relógio de Jim em represália... Mas, evidentemente, a sequência não se desenrolou assim. O que faz toda a diferença - e escaparia de uma análise puramente econômica ou estruturalista -, é a inversão da orientação temporal: Della renunciou a seus próprios cabelos *antecipadamente*, como também foi *antecipadamente* que Jim renunciou a seu próprio relógio. Cada um tentava antecipar um desejo potencial do outro, mesmo se, no caso, suas antecipações se cruzaram de maneira excepcionalmente tortuosa.

Afinal, a hierarquia emaranhada entre os presentes de Jim e de Della lembra menos a vingança propriamente dita do que essa transação paradoxal encenada pel'*O Festim de Briciu* que citamos no início do primeiro capítulo para ilustrar o autossacrifício recíproco pelo qual se vai da vingança para a troca positiva. Nós nos lembraremos do desafio insólito lançado aos heróis irlandeses pelo gigante de Utah, o Estrangeiro: "Aquele que aceitar cortar a minha cabeça hoje, amanhã eu cortarei a sua?". O estrangeiro está à procura de um homem que manterá sua palavra e respeitará o acordo: enfim, de um homem que merecerá a confiança que ele manifesta oferecendo sua própria cabeça antecipadamente. Porém, como se pode imaginar, não é difícil encontrar guerreiros dispostos a aceitar a primeira parte do desafio, mas, depois de ter visto sobreviver por magia à sua decapitação, cada um desaparece antes que o Estrangeiro volte a exigir o que lhe é devido. Só Cuchulain tem coragem de aparecer no encontro fatídico. Ele assume lealmente sua dívida colocando sua própria cabeça num bloco diante do gigante. Este ergue seu machado até o teto e, com um barulho enorme, o faz cair ao lado do pescoço do outro.[45] Pois, sob a máscara do Estrangeiro, na realidade

---

[45] Numa variação do relato, o gigante toca o pescoço de Cuchulain, mas com o *reverso* do machado, bela imagem da inversão realizada (Sjoestedt, 1940, p. 99).

se encontra o mago Curoi que veio colocar à prova os heróis de Ulster, e o qual agora proclama Cuchulain o campeão de todos.⁴⁶

Esse relato irlandês é, entre outras coisas, uma parábola sobre a confiança. Para não trair a confiança do mago disfarçado de Estrangeiro, Cuchulain se entrega inteiramente a ele. Mas a recíproca também é verdadeira. Quando tem sua vida em suas mãos, o mago não trai a confiança de Cuchulain, mesmo tendo de renunciar a fazer com que pague sua dívida. Voltando à história de Jim e Della, podemos nos perguntar quem ocupa a posição de mago e quem a de Cuchulain.

A primeira resposta é que, por causa do caráter simultâneo de seus gestos recíprocos, *cada um* ocupa a posição do mago que deixa que cortem sua cabeça antes de saber como Cuchulain vai reagir. Della faz com que cortem sua cabeleira antes de saber o que Jim lhe dará em contrapartida, porém Jim se separa do que tem de mais precioso no mesmo momento, antes de saber o que Della lhe dará em troca. E se é a retribuição que lhes interessa, eles terão feito um cálculo errado. A dívida mútua será nitidamente negativa, pois cada um deu muito sem receber um contradom útil.⁴⁷ Mas cada um rejeita explicitamente a pertinência do cálculo utilitarista: ao contrário de seus cabelos com os dias "contados", diz Della, o seu amor

---

⁴⁶ Lady Isabella Augusta Gregory, *Cuchulain of Muir Themne. The Story of the Men of the Red Branch of Ulser*. In: *A Treasury of Irish Myth, Legend, and Folklore*. Nova York: Averel, 1986, p. 422-25.
⁴⁷ O tradutor de *Gift of the Magi* chegou a rebatizá-lo: "Os presentes inúteis" (O. Henry, 1993).

transcende toda contabilidade: quanto a Jim, ele diz que seus presentes são "bonitos demais para serem usados".

A inutilidade recíproca dos presentes sublinha a sua *gratuidade* no bom sentido do termo. Como cada um deu espontaneamente, sem pensar na retribuição, não é o caso de se falar em dívida negativa. Pelo contrário, se cada um pensa, sobretudo, quanto *o outro* deu sem retribuir, a dívida mútua será positiva. De fato, como cada um se vê na incapacidade de compensar a perda que sofreu pelo outro, o verdadeiro perigo é de fato o de uma dívida positiva pesada demais para ser suportada, de uma dívida tão grande que parece ameaçadora. Em outras palavras – e é a segunda resposta para a nossa pergunta – se cada um vê o outro na posição do mago, cada um se vê assim na de Cuchulain. Como este último que se entrega ao mago, cada um deve confiar inteiramente no outro.

Godbout e Charbonneau nos dizem justamente que o estado de endividamento mútuo positivo "só pode surgir quando os atores aceitam se abandonar de uma certa maneira ao outro", o que exige "uma relação de confiança entre os agentes".[48] Não se trata desta vez da confiança necessária para dar, antes de ter certeza de que o outro vai retribuir, mas dessa confiança ainda maior que é necessária para aceitar que o outro dá quando a própria pessoa não tem certeza de poder retribuir. Nesse caso, é preciso ter confiança no fato de que o outro não explorará sua posição para exigir uma retribuição impossível.

---

[48] Jacques T. Godbout e Johanne Charbonneau, op. cit., 1993, p. 254.

Pode-se separar a generosidade da exigência de retribuir? Em última análise, o problema enfrentado por Jim e Della aqui é o mesmo que aquele que Louise e seu marido souberam resolver pela astúcia que já conhecemos. Como Louise temia não poder devolver o dinheiro para seu marido, ele evitou dar-lhe diretamente, colocando-o antes nesse copo que chamamos do lugar do terceiro. Porém, quando Jim diz a Della: "Deixemos de lado os presentes de Natal e vamos guardá-los por algum tempo", ele não propõe exatamente o mesmo tipo de solução? Deixar os presentes de lado, mantê-los afastados, significa tirá-los da vista de cada um deles, colocando-os em um lugar que se encontra além dos dois. Em um lugar não visível que poderíamos chamar de novo: o lugar do terceiro.

Mas o que evoca mais a presença invisível de um terceiro é a metáfora dos Magos proposta pelo título e desenvolvida no último parágrafo do texto, logo depois das palavras de Jim que citamos. Enquanto homens "maravilhosamente sábios" "inventaram a arte de dar presentes de Natal", que suas dádivas eram "sem dúvida sábias" também, Della e Jim "de forma muito pouco sábia sacrificaram um pelo outro os maiores tesouros de sua casa". Entretanto, conclui o autor, entre "todos aqueles que deram presentes, esses dois eram os mais sábios [...]. Eles são os Magos".

A troca entre Della e Jim parece pouco sábia do ponto de vista da utilidade dos objetos dados e recebidos. Ninguém ganhou; ambos perderam. Mas há muito mais, na troca, do que as coisas trocadas. Na realidade, cada um ganha fazendo parte de uma relação em que cada um está disposto a sacrificar pelo outro o maior tesouro que tem. É claro que uma relação desse tipo é um tesouro ainda maior, mas um tesouro que está num outro nível em relação às prestações que o constroem. A hierarquia emaranhada das dádivas de Jim e Della existe para nos lembrar que o círculo entre os dois não pode se fechar diretamente, mas deve passar pelo nível global da relação.

E só a presença desse metanível pode justificar a identificação de nosso casal dos Magos da Natividade. Pois os Magos não trocaram seus presentes entre si, eles os ofereceram ao além por intermédio dessa Criança que encarna para eles o Altíssimo. Da mesma maneira, através de "uma generosidade sem controle, uma gentileza sem segunda intenção", Della e Jim manifestam uma fé em algo que está além deles. Não numa transcendência que vem do alto, mas na *auto*transcendência de uma relação que fazem viver, de maneira completamente circular, por sua própria fé.

A história de Della e Jim lembra-nos a de um outro jovem casal, Athol e Will. Essa outra história poderia se chamar "O dilema do futuro prisioneiro". Will ganha cem dólares por mês como caixa no First National Bank de Austin, Texas: o suficiente para manter Athol e sua neta, mas não o suficiente para pagar as dívidas da pequena publicação semanal satírica que ele produz em suas horas de lazer, *The Rolling Stone*. E tanto dinheiro passa por suas mãos! Um dia, a direção do banco descobre na sua contabilidade um rombo de cinco mil dólares. Pedra que rola não cria musgo... Will vai ao porto de Nova Orleans antes de subir num navio em direção a Honduras, onde pode viver em segurança. Cedo ou tarde, ele espera, sua família poderá juntar-se a ele. Um dia, porém, ele recebe uma triste notícia: Athol, sofrendo de tuberculose, está agonizando. O que fazer?

Se Will voltar para o Texas, onde a polícia está a sua procura por desvio de dinheiro, corre o risco de pegar uma pena de prisão de cinco anos. Se, em contrapartida, decidir ficar foragido, conservará sua liberdade. Evidentemente, sua mulher morrerá. Mas ele não pode salvar sua mulher mesmo voltando para casa. Não se brinca com a tuberculose. Nos dois casos, Athol está condenada à morte.

Se pensássemos como prisioneiros sobre o dilema clássico, faríamos a seguinte constatação: a hipótese de a mulher de Will morrer e ele permanecer livre é superior àquela em que a mulher morre e ainda por cima ele vai para a prisão. Desse ponto de vista, a contabilidade é clara. Se Will voltar para o Texas, a soma das perdas será maior.

Will não faz esse cálculo utilitarista. Esse cálculo ignora o valor da relação entre ele e sua mulher. Ele volta para Austin, onde, na espera de seu processo, ele pode acompanhar Athol durante os últimos meses de sua vida. Depois da morte de sua mulher, William Sydney Porter é condenado a cinco anos de prisão. Ele passa seu tempo escrevendo, é liberado por boa conduta depois de três anos e, se torna famoso com o pseudônimo de "O. Henry".[49]

O "dilema do futuro prisioneiro" confirma os limites do cálculo utilitarista. Na história de Athol e Will, como na de Della e Jim, cada um perde e, entretanto, cada um ganha.

---

[49] Para reconstituir esse episódio da vida do autor de *Gift of the Magi*, nos baseamos nos elementos fornecidos por Eugene Current-Garcia (1965, p. 27-35).

Se o dilema do prisioneiro clássico mostra como a preocupação de cada um por seu interesse individual pode não conseguir favorecê-lo, o dilema do futuro prisioneiro sugere como o interesse individual pode ser ultrapassado graças à relação entre as duas pessoas – justamente uma relação do tipo que falta no contexto do dilema do prisioneiro.

A relação em questão ultrapassa os indivíduos que a fazem viver: ela se situa num nível transcendente, mesmo tratando-se de uma autotranscendência que emerge das interações no primeiro nível. No último capítulo, estabelecemos uma oposição entre esse tipo de relação, típico do dom, e o isolamento recíproco que caracteriza ao mesmo tempo o dilema do prisioneiro e o mercado. Mas, coisa curiosa, a instituição social mais citada como exemplo de fenômeno emergente ou autotranscendente é o mercado.

Segundo o economista Friedrich Von Hayek, a "mão invisível" de Adam Smith já antecipava a intuição essencial da cibernética moderna. O mercado de Smith não é, da mesma forma que uma rede neuronal ou uma rede de autômatos, um sistema complexo de interações entre agentes individuais da qual emerge espontaneamente uma ordem global?[50]

Esta é uma ideia que se vulgariza quando o encontro da desregulação e da rede parece fazer surgir uma "nova economia". O diretor da revista americana *Wired*, "bi-

---

[50] Embora ele tenha interesse pela teoria dos autômatos de John von Neumann, observa Alain Boyer (1989, p. 251 e 254, n. 13), Hayek praticamente não parece citar "a teoria dos jogos do próprio Von Neumann. Conjetura: estruturas do tipo "dilema do prisioneiro" são muito pouco adaptadas ao otimismo liberal da 'mão invisível'".

blia da tecnocultura", escreve um livro sobre "A nova biologia das máquinas, dos sistemas sociais e do mundo econômico", em que se extasia: "Escondido na rede está o mistério da Mão Invisível [...] a rede é quase sinônimo da democracia ou do mercado".[51] Alguns anos mais tarde, o colapso das "pontocom" passa por aí, mas um jornalista financeiro italiano explica que o "próprio mercado funciona como um organismo vivo, que reage depois de uma febre provocada por uma série de excessos".[52]

Pergunta: o mercado pode funcionar como um organismo vivo sendo ao mesmo tempo sinônimo de democracia? Para Karl Popper, colega e amigo de Hayek,[53] é a sociedade fechada que mais se assemelha a um organismo. O ideal do mercado autorregulador é compatível com o de uma sociedade aberta? Que diferença há entre a autotranscendência do social e a autotranscendência que parece se manifestar numa rede neuronal ou numa rede de autômatos? Para responder a essas perguntas, devemos retomar uma última vez o conceito de autotranscendência. Em cada um dos três primeiros capítulos, a autotranscendência do metanível interveio providencialmente nas relações entre os atores individuais situados no primeiro nível. Resta saber sobre as relações que estes mantêm com o metanível global. Esta será a nossa tarefa no último capítulo.

---

[51] Kevin Kelly, 1994, p. 26-27. A identidade suposta da democracia e do mercado serve de base para o que Thomas Frank chama "populismo comercial", ideologia do "capitalismo extremo" da qual Hayek é um dos pais fundadores (Thomas Frank, 2000, p. 35-6).
[52] Enrico Netti, "Un nuovo Dna per le '.com'", Il Sole- 24 Ore. 20 jul., suplemento "New Economy", 2001.
[53] Sobre as relações entre os dois emigrantes vienenses, ver Alain Boyer, 1989, p. 247.

capítulo 4
nós e o todo

> *Eu nunca vi que aqueles que aspiravam, em seus empreendimentos comerciais, trabalhar pelo bem geral, tenham feito muitas coisas boas. É verdade que essa bela paixão não é muito comum entre os comerciantes, e longos discursos não seriam necessários para curá--los disso.*
> Adam Smith

Como unir os extremos

Duas abordagens maiores se confrontam nas ciências sociais: o individualismo e o holismo. Para o holismo, os indivíduos se definem essencialmente pelas funções respectivas que desempenham no corpo social. Essa ideia é bem expressa pelo mito de origem da hierarquia de castas na Índia, sociedade holística por excelência, em que os diversos membros da comunidade provêm do corpo de um homem primordial: os brâmanes da cabeça, os guerreiros dos braços, os servidores dos pés... O caráter inquietante desse mito se explica primeiro pelo destino do próprio homem primordial, sacrificado pelas necessidades da comunidade nascente. Colocando a superioridade da totalidade em relação às partes, não se corre o risco de justificar o sacrifício dos indivíduos no altar do interesse coletivo?

Para melhor exorcizar esse perigo, os individualistas puros e convictos chegam a negar a própria existência de um nível coletivo. Para eles, a totalidade é a soma das partes. Dessa maneira, afirmando que "a comunidade é um corpo fictício", o utilitarista Jeremy Bentham acredita que "o interesse da comunidade" é apenas "a soma dos interesses dos diversos membros que a constituem".[1] O mito de origem do individualismo é o de um contrato social entre agentes independentes, concebido para favorecer trocas comerciais em que cada um se limita a buscar seu próprio interesse. Diante do reducionismo excessivo de um cenário que relaciona tudo aos indivíduos, os holistas têm o mérito considerável de ressaltar a importância do coletivo. Entretanto, como ligam tudo ao coletivo, acabam em geral caindo numa espécie de reducionismo ao contrário.

O debate entre holistas e individualistas lembra o imaginado por Jonathan Swift entre os partidários do "micro" e do "macro". Aqueles que abordam a questão pelo "macro" alegam que a sociedade cria os indivíduos, ao que aqueles que a abordam pelo "micro" replicam que são os indivíduos que criam a sociedade. Na verdade, sem dúvida, essas duas teses não são de forma alguma incompatíveis. Poderíamos dizer, então, que o verdadeiro erro dos "defensores do macro" e dos "defensores do micro" é serem defensores "extremos" de um determinismo unívoco.[2] Nesse sentido, são irmãos inimigos, como sugere Sergio Manghi: "As ideias modernas de individual e de coletivo são ideias gêmeas. Com todos os problemas

---

[1] Citado por Alain Caillé (op. cit., 1992, p. 93).
[2] O jogo de palavras de Swift se encontra em Alain Caillé (op. cit., 1997, p. 6).

'miméticos' que as acompanham: estreita interdependência, antagonismo constitutivo – ver Rômulo e Remo".[3]

Um traço dessa rivalidade entre irmãos inimigos transparece na fórmula de Mauss retomada por Lévi-Strauss e lembrada anteriormente: "A unidade do todo é ainda mais real do que cada uma das partes". É absolutamente preciso julgar qual é *mais* real? Não basta reconhecer que uma é tão real quanto a outra, e procurar apreender bem a articulação entre as duas? Só dessa maneira se terá a possibilidade de ultrapassar a oposição estéril entre individualistas e anti-individualistas, holistas e anti-holistas. Ainda citando Manghi, o problema "não é renunciar às explicações individualistas em favor das coletivistas. Trata-se mais de repensar em termos relacionais, não dualistas, a nossa ideia de indivíduo, a nossa ideia de coletivo, e nossa ideia da relação entre essas ideias".

O verdadeiro desafio, então, é "pensar com rigor sobre os processos de determinação recíproca entre as partes e o todo".[4]

O que falta nos pontos de vista individualistas e holísticos nas ciências sociais é o esforço de pensar sobre a relação recíproca ou *circular* entre os níveis individual e coletivo, entre as partes e o todo. Contudo, é justamente esse esforço que vemos nos biólogos que estudam a

---

[3] Sergio Manghi, "Interpensare. Individui, relazioni e collettivo". *Revista italiana di gruppo analisi*, v. 10, n. 3-4, dez., 1995, p. 12.
[4] Ibidem, p. 13, 16.

autonomia do vivo. Vejamos o caso do embriologista
Paul Weiss, um dos pioneiros da auto-organização, cujo
ponto de vista Jean-Pierre Dupuy resume muito bem:

> Mesmo não usando a expressão, Weiss
> enuncia um princípio de *causalida-
> de circular* entre níveis de integração
> encaixados. [...] Num "sistema" (ou seja,
> um organismo), as leis da física deixam
> para os elementos individuais vários
> graus de liberdade. Essa indeterminação
> na base vai ser reduzida pelas imposi-
> ções do todo, que por sua vez resultam
> da composição das atividades elemen-
> tares. O todo e os elementos se determi-
> nam mutuamente. [...] Francisco Varela
> não dirá outra coisa ao formular os seus
> "princípios da autonomia biológica".[5]

Esta é uma nova formulação do conceito da autotranscendência que adotamos em todo o livro para descrever a
relação entre agentes individuais e o metanível que emerge
de sua interação. Mas essa relação é de fato a mesma toda
vez? Pode-se aplicar sem modificação a um "sistema" social
a definição que acabamos de ler do "sistema" biológico?

Uma coisa que impressiona nessa definição é a forma
como a liberdade e a obrigação se situam em relação aos
dois níveis encaixados. A liberdade está no primeiro nível,

---

[5] Jean-Pierre Dupuy, *Aux origines des sciences cognitives*. Paris: Calmann-Lévy, 1994, p. 148. Sobre os "princípios da autonomia biológica", ver Varela, 1989.

se exprime nas interações entre elementos individuais. Mas essa liberdade relativa na base é limitada por obrigações exercidas de cima pelo nível do todo. A essas obrigações, os elementos individuais não têm a liberdade de exercer a menor resistência, não têm outra escolha senão se submeterem a isso docilmente. O nível de totalidade se impõe com a força inexorável de uma transcendência absoluta.

Sem dúvida, na realidade só se trata de uma autotranscendência produzida indiretamente pelas ações dos próprios elementos individuais. Nesse sentido, há uma relação circular entre os dois níveis. Mas o círculo é orientado, ele sempre gira na mesma direção. Como no caso de uma cobra que morde a cauda, há um círculo que se fecha sem reciprocidade: a cauda não poderia morder a cobra. O "mciro" não poderia reagir contra o "macro". Os elementos individuais determinam o nível global sem saber; este nível surge pelas suas costas e não podem fazer nada se cair na cabeça deles.

No caso de um sistema biológico, essa falta de reciprocidade não tem nada de escandaloso, pois os elementos individuais em questão não são seres humanos. Mas seria totalmente diferente no caso de um sistema social. Reduzir os membros da sociedade ao estatuto dos componentes de um organismo seria limitar radicalmente a sua liberdade, seria submetê-los a uma obrigação propriamente totalitária. Entretanto, é o que fazem, na prática, sem saber, os partidários do livre mercado que reivindicam teorias de Friedrich von Hayek. Presente no simpósio "Beyond Reductionism", com o biólogo Paul Weiss, Hayek se inspirou no modelo da autotranscendência para elaborar uma apologia sofisticada do mais extremo liberalismo econômico.

No sistema de Hayek, a liberdade limita-se às interações entre os indivíduos. Cada um é livre para buscar seu próprio interesse nas trocas comerciais. Mas essa liberdade encontra seu limite quando se trata de resultados globais que emergem da composição das transações individuais: a distribuição das riquezas e das rendas, o nível geral dos salários, juros, aluguéis, preços, taxa de crescimento ou de desemprego... Todos esses resultados globais vão pesar nas transações individuais como obrigações externas. E essas obrigações, é preciso que cada um aceite-as docilmente.

Ao contrário dos individualistas puros, Hayek não nega a autonomia do metanível coletivo e, ao contrário dos holistas puros, não esquece que este surge do primeiro nível. Ao mesmo tempo que é engendrado indiretamente pelas ações dos agentes individuais, o metanível acarreta por sua vez obrigações para eles. Há, portanto, para Hayek – e é o interesse de seu pensamento – uma relação circular entre o nível individual e coletivo. Mas essa relação circular recorda a cobra que morde sua cauda. Toda reciprocidade está excluída: o indivíduo não deve retribuir a mordida. Se o "macro" mostrar seus dentes, o "micro" deve se deixar comer.

Em vez de ultrapassar a oposição entre individualismo e holismo, o ultraliberalismo de Hayek corre o risco de cair nos defeitos dos dois ao mesmo tempo. Por um lado, tende a reduzir a vida social às trocas comerciais em que cada um só busca seu interesse individual; por outro, pede a cada um que se sacrifique, se necessário, no altar de um interesse coletivo. Interesse coletivo esse cujas "forças impessoais" do mercado seriam o árbitro supremo.

Porém, como observa Jean-Pierre Dupuy, "ninguém se entregará a essas 'forças impessoais' se tiver fortes razões para duvidar que essas forças levam o mundo para o bom caminho, ou simplesmente para uma direção viável". Mas a experiência comprova, a ordem do mercado "pode facilmente se fechar em impasses ou até mergulhar no abismo".[6] O erro dos profetas do mercado "autorregulador" é confundir a autotranscendência com uma transcendência real.

Por mais que divinizemos o mercado, ele sempre desconfiará de nós e de todos. É com a mesma indiferença altiva que ele nos lançará num longo ciclo de prosperidade ou nos precipitará no círculo infernal de uma crise sem fim. Diante dessa tendência do mercado de manifestar no plano global um comportamento próprio que se perpetua independentemente da nossa vontade, é natural pensar numa força transcendente, uma mão invisível que manipula os homens sem que saibam. Essa mão parece nos levar pela ponta do nariz para um fim que ultrapassa as nossas intenções, mas o que garante que se trata de um fim desejável? Por que deveríamos confiar cegamente nas manobras de uma mão invisível? É aqui que o partidário do livre mercado poderia evocar o exemplo dos sistemas biológicos, que supostamente poderia demonstrar a capacidade de uma rede dinâmica que se autorregula sem a intervenção externa. Antes de nos deixar impressionar por esse argumento, reflitamos um pouco sobre o sistema biológico autorregulador de importância vital para cada um de nós, o sistema imunológico do corpo humano.

---

[6] Jean-Pierre Dupuy, 1992b, p. 286.

Desviados por uma mão invisível

As nossas defesas imunológicas ativam interações de uma complexidade extraordinária que se desenrolam a todo momento numa multidão abundante de linfócitos, de anticorpos e outros componentes individuais. A manutenção da integridade corporal do organismo é um bom exemplo de um resultado coletivo que emerge no plano global e não depende da intenção dos participantes individuais nas transações.[7] Vejamos o caso dos anticorpos: evidentemente não são motivados por um desejo de servir o interesse geral do organismo a que pertencem. Como os individualistas mais ferrenhos, nem mesmo reconhecem a existência de um nível global autônomo. Pode-se, portanto, dizer sobre o anticorpo o que Adam Smith diz sobre o capitalismo, que, sem pensar no interesse geral, contribui mesmo assim com os seus investimentos a sustentar a indústria de seu país: "[...] ele é guiado por uma mão invisível a satisfazer um fim que não faz parte de forma alguma de suas intenções".[8] Os anticorpos não procuram proteger o organismo dos invasores estrangeiros, mas é o que fazem. O funcionamento do sistema imunológico encarna perfeitamente o princípio da mão invisível.

Aqui, entretanto, uma observação de bom senso se faz necessária. Por mais maravilhoso que seja, o funcionamento do sistema imunológico é muito imperfeito. É por essa razão que, longe de confiar nisso cegamente, recorre-se a

---

[7] Cf. Mark R. Anspach e Francisco J. Varela, "Le systéme immunitaire: un 'soi' cognitif autonome". In: *Introduction aux sciences cognitives*. Andler, Daniel (org.). Paris: Gallimard, 1992.
[8] Adam Smith, op. cit., 1991, v. 2, p. 42-43.

todo tipo de medida externa para proteger o organismo de agentes patogênicos. Lavamos as mãos e nossa roupa, retiramos o lixo e purificamos a água, conservamos a carne em temperatura fria e a cozemos antes de comê-la. Precauções sanitárias desse tipo corrigem as deficiências do sistema imunológico, permitindo evitar muitas epidemias e diminuir bastante a taxa de mortalidade infantil.

Mas tampouco hesitamos em interferir diretamente no próprio funcionamento do sistema para torná-lo mais eficaz: por exemplo, estimulando artificialmente a produção dos anticorpos com vacinas ou administrando antibióticos. Enfim, não basta que os anticorpos sejam guiados por uma mão invisível: em geral, precisam de uma ajuda ostensível.

Ao contrário de certos economistas, os imunologistas não se contentam em exaltar a virtude autorreguladora do sistema que estudam. Eles se dedicam a desenvolver remédios para suas falhas graves. Athol, a jovem esposa de William Sydney Porter, morreu de tuberculose em 1897, antes da descoberta dos antibióticos capazes de curá-la. Mas, se houvesse um remédio, ela não o teria recusado em nome do respeito que se deve à autorregulação. Não compreendemos por que intervenções externas deveriam ser excluídas só no caso de uma falha do mercado. Como observa Anatole Kaletsky, "as novas técnicas de gestão da demanda desenvolvidas nos anos 1930 [...] foram tão eficazes na prevenção das depressões econômicas quanto a penicilina na cura da tuberculose".[9]

---

[9] Citado por Antonio Polito "Keynes, la rivincita dello Stato". *La Repubblica*, 4 nov., 1998.

Mas, no caso do sistema imunológico, o problema não é apenas o fato de os anticorpos serem suscetíveis de falhar no momento de proteger a pessoa dos agressores estranhos, como o bacilo da tuberculose. O que é ainda mais perturbador em relação à autorregulação é que, no caso das doenças autoimunes, os *próprios* anticorpos podem começar a atacar a pessoa, podem demolir de dentro a construção em que vivem.

É claro, não porque querem destruí-lo. Os anticorpos nocivos à pessoa não são necessariamente mais malvados do que os outros no plano individual. Mesmo anticorpos envolvidos nas doenças autoimunes podem estar presentes numa pessoa sadia, às vezes em concentrações superiores àquelas constatadas numa pessoa doente. Uma doença autoimune é sinal de um "desvio" do sistema, como explica Wolf H. Fridman: "Dada a estrutura em rede equilibrada do sistema imunológico, toda modificação dessa rede num lugar determinado [...] desencadeia uma série de efeitos em cascata". Uma doença autoimune não implica necessariamente um déficit imunológico ou uma hiperatividade, explica Fridman: "[...] o sistema imunológico pode funcionar normalmente mas ter como alvo células do organismo".[10] É "toda a morfologia [da rede] que se movimenta nesse caso, dizem por sua vez Varela, Coutinho e Stewart, embora numa direção patológica".[11]

---

[10] Wolf H. Fridman, Le Ceveau mobile. *De l'immunité au système inmunitaire*. Paris: Hermann, 1991, p. 174.
[11] Francisco J. Varela, Antoino Coutinho e John Stewart, "What is the immune network for?". In: *Thinking About Biology*. Stein, W. D. e Varela, F. J. (org.) Addison-Wesley, 1993, p. 227-28.

Em outras palavras, não poderíamos contar com a mão invisível para guiar os anticorpos na direção correta, ou simplesmente numa direção viável. Ela também pode conduzi-los a um desvio perigoso. Mesmo no caso de um desvio desse tipo, os anticorpos individuais não param de se encarregar de suas obrigações como de costume. Mas a composição de suas atividades elementares produz um efeito nefasto no metanível. Os sintomas autoimunes são o resultado da ação dos anticorpos, mas não de seus anseios.[12] Aqui ainda, portanto, pode-se dizer sobre o anticorpo o que Adam Smith diz sobre o investidor capitalista: "[...] ele é levado por uma mão invisível a satisfazer um fim que não faz parte de forma alguma de suas intenções". Os anticorpos não querem minar a pessoa de dentro, mas é o que fazem. Assim, as doenças autoimunes encarnam perfeitamente o princípio da mão invisível. Mas esta não é uma razão para usar nelas a doutrina do "*laissez-faire*". Por que se deixar desviar por uma mão invisível?

A mão invisível não indica o melhor caminho a seguir. Só indica com o dedo o abismo que se cria entre o nível individual e coletivo. Segundo Alfonso M. Iacono, Adam Smith recorre à metáfora da mão invisível para "cobrir epistemologicamente" o vazio que se abre com "a confissão de uma descontinuidade entre o agir individual e os resultados coletivos".[13] A mão invisível não é senão

---

[12] Da mesma forma que para Adam Ferguson, esse contemporâneo de Adam Smith, que Hayek gosta de citar, a ordem social é o "resultado da ação dos homens, mas não dos seus anseios" (Jean-Pierre Dupuy, 1992*b*, p. 16).
[13] Alfonso M. Iacono, L'Evento e l'osservatore: ricorche sulla storicitá della conoscenza. Bergamo: Pierluigi Lubrina, 1987, p. 96.

uma reificação da tendência de elementos que interagem numa rede a convergir sem querer na direção de um determinado comportamento global, como se um ser transcendente os puxasse conscientemente na direção de um determinado objetivo. Na teoria moderna dos sistemas dinâmicos, não se fala em mão invisível, mas designa-se esse objetivo aparente com o termo "atrator", como se fosse o próprio resultado coletivo que comandasse.

Na verdade, é claro, ninguém comanda. Simplesmente, o fechamento das interações entre elementos individuais acaba formando um contexto difícil para as próprias interações, orientando-as num certo sentido. A convergência num atrator é o resultado imprevisível de um processo cego. Como o resultado efetivo depende de circunstâncias contingentes, ele não é, apesar das aparências, o único resultado possível. Os atratores potenciais são múltiplos, e nem sempre os veremos como atraentes. Um desvio perigoso é tão provável quanto um equilíbrio estável, dos mais favoráveis ou não.

Esse ponto foi aprofundado por um dos opositores mais eminentes da doutrina do "*laissez-faire*", Gunnar Myrdal, que recebeu o "Prêmio Nobel" de ciências econômicas em 1974 com Hayek – "um pouco como se", diz Denis Clerc, "o Banco da Suécia (que escolhe os premiados) quisesse ser perdoado pela escolha de um teórico que exalta as virtudes do mercado, e somente dele, através da escolha de um economista que representasse a antítese do primeiro".[14] Myrdal rejeita toda noção de "estabilização espontânea e automática do sistema social". Longe de ser dirigido – ainda que apenas "por vias desviadas" – para um equilíbrio qualquer das forças, o sistema "não deixa, ao contrário, de se desviar dessa posição", as mudanças que ocorrem tendem a ser reforçadas por um processo de causalidade circular: normalmente, uma mudança atrai não mudanças compensatórias, mas mudanças adicionais que levam o sistema para a mesma direção, mas mais longe do que o primeiro. Por causa dessa [causalidade] circular, um processo social tende a adquirir um caráter acumulativo e a ganhar rapidez num ritmo acelerado.[15]

Temos um exemplo desse tipo de fenômeno nas crises financeiras dos anos 1990 como são analisadas por George Soros. O sistema capitalista mundial baseia-se, ele escreve, na ideia segundo a qual os mercados financeiros voltam sempre para uma posição de equilíbrio, como um pêndulo que volta para seu ponto de partida. Mas não é verdade:

---

[14] Denis Clerc, "L'Etat-providence à la suédoise." *Alternatives économiques*, n. 141, out., 1996, p. 64. O próprio Myrdal exigiu a abolição do Prêmio Nobel de ciências econômicas, "criado em 1969, como lembra *The Economist* (7 out. 2000, p. 116), para imitar os cinco prêmios instaurados pelo testamento de Alfred Nobel". Um prêmio que reconhece simultaneamente Hayek e o anti-Hayek parece se anular como prêmio *científico*.
[15] Citado por Denis Clerc (op. cit.,1996, p. 65).

Quando um ciclo de oscilações violentas, de "boom/krach", ultrapassa um determinado limite, ele nunca volta ao ponto de partida. Nestes últimos tempos, em vez de seguir o movimento de um pêndulo, os mercados financeiros agiram como essas bolas de aço que demolem as construções, derrubando economias, umas após as outras.[16]

Dessa maneira, tanto no sistema econômico como no sistema imunológico, o encerramento das interações pode assumir os contornos de um círculo vicioso mais do que virtuoso: ele pode convergir para a patologia, e não para a boa saúde.

A vingança do círculo

Contudo, uma diferença essencial entre o caso biológico e social refere-se à resposta dos elementos individuais diante de um resultado coletivo patológico. No caso biológico, o resultado global foge definitivamente dos elementos individuais. É sem querer e saber que os anticorpos protegem o organismo, e também é o que ocorre quando começam a destruí-lo. As doenças autoimunes curariam muito mais facilmente se os anticorpos

---

[16] George Soros, 1998*b*, p. 14. Destacamos o sentido da metáfora empregada pelo autor, que evoca no texto original uma *wrecking ball* (George Soros. The Crisis of Global Capitalism, Open Society Endangered. Nova York: Perseus/Public Affairs, 1998*a*, p. XVI).

pudessem ver os danos que provocam no metanível. Mas eles só podem agir localmente, são incapazes de pensar globalmente. No fundo, não são senão engrenagens de um mecanismo. Se o mecanismo desregula-se, as engrenagens não poderão fazer nada. O plano micro da cadeia é impotente diante do macro.

O mercado econômico funciona também como um mecanismo no qual os agentes individuais são simples engrenagens. A mão invisível é a operação cega do mecanismo que faz girar as engrenagens numa direção ou noutra, sem que se encarreguem do movimento global que produzem. Quando o mecanismo funciona bem, o indivíduo contribui, sem querer, para a prosperidade geral, como o capitalista de Adam Smith que, sustentando com seus investimentos a indústria de seu país, é levado por uma mão invisível a atingir um objetivo que não faz parte de maneira nenhuma de suas intenções. E "não é sempre ruim para a sociedade", acrescenta Smith, "que esse objetivo não esteja presente em suas intenções".[17]

Não é sempre ruim, mas tampouco é sempre o melhor. Imaginemos que investidores capitalistas, em busca do melhor rendimento individual, participem da especulação internacional em vez de apoiar a indústria de seu país como desejava Adam Smith, "antimundialista" antes do tempo.[18] Fazendo inchar demasiadamente os

---

[17] Adam Smith, *Recherches sur la nature et les causes de la richesse des nations*, t. I e II. Garnier, Germais (trad.). Paris: Garnier-Flammarion, 1991, v. 2, p. 43.
[18] Para apoiar a indústria de seu país, afirma Smith, é preciso que os investidores prefiram o comércio nacional ao comércio exterior, pois um capital investido no comércio nacional "põe necessariamente em movimento uma

valores da bolsa, contribuem para a formação de uma bolha financeira cuja explosão causará uma maré de falências. Não é o resultado que visam, mas são levados por uma mão invisível a seguir um objetivo que ultrapassa suas intenções. Não são maus, são apenas as engrenagens de um mecanismo que não requer pensar no resultado coletivo.

Submetendo os atores à necessidade da concorrência, esse mecanismo chega a proibir que considerem o resultado coletivo. É o que explica uma testemunha bem indicada por conhecer o funcionamento do mecanismo, George Soros:

> parte maior da indústria nacional, e cria renda e emprego para um número maior de habitantes do país". Porém, fato providencial – e é aqui que Smith recorre à imagem da mão invisível – os investidores preferem *espontaneamente* o comércio nacional por causa dos riscos aos quais se expõem colocando seu capital num país distante. Dessa maneira, "todo indivíduo tenta usar seu capital o mais perto possível, portanto, tanto quanto possível para apoiar a indústria nacional", não por patriotismo, mas por temor do risco e preocupação do seu próprio lucro: "Preferindo apoiar a indústria nacional à indústria estrangeira, ele visa somente sua própria segurança; dirigindo a sua indústria para produzir o maior valor, ele visa somente ao seu próprio ganho, e nisso, como em muitos outros casos, ele é levado por uma mão invisível a atingir um objetivo que não faz absolutamente parte de suas intenções" (Smith, 1937, p. 421-23).
>
> Percebemos que invocar a mão invisível para defender a "globalização" neoliberal é trair grosseiramente o pensamento explícito de Smith. A mão invisível deveria levar o investidor a fugir dos riscos do mercado mundial, aliás pouco propício para a criação de renda e de emprego. Mas o investidor moderno não se deixa mais guiar pelo temor saudável do risco. Agora conta com o Estado para socorrê-lo em caso de desastre, como fez o governo dos Estados Unidos na crise mexicana de 1994-1995. Enfim, o que se chama hoje "globalização" é muito mais o fruto da intervenção do Estado do que da operação da mão invisível como Smith a concebia. A esse respeito, as observações de Ralph Anspach (1976, p. 512-14) são mais atuais do que nunca.

> Como interventor anônimo nos mercados financeiros, nunca tive de pesar as consequências sociais dos meus atos. [...] O jogo era muito acirrado. Se eu não tivesse imposto a mim mesmo obrigações adicionais, teria perdido. [...] Se eu tivesse me abstido, outra pessoa teria ocupado o meu lugar. [...] Há nos mercados financeiros um número suficientemente grande de interventores para que nenhum deles pese de maneira decisiva no resultado.[19]

Dessa maneira, entre os atos individuais e o resultado que emerge no plano coletivo, a descontinuidade fica garantida. Na qualidade de participantes do mercado, os homens se mostram necessariamente tão cegos quanto os anticorpos diante das perdas que provocam no metanível. Mas o mercado não é a sociedade. Na condição de membros da sociedade, os homens gozam de uma liberdade proibida para os componentes de um organismo, a de erguer os olhos para o metanível e reagir ao que veem. É assim que um especulador como Soros pode denunciar lucidamente os efeitos da especulação e fazer modificar o quadro das transações das quais participa.

No caso do mercado, de fato, o quadro das transações não se limita, como num sistema biológico, aos resultados coletivos que emergem da composição das transações entre agentes individuais e que exercem uma influência

---

[19] George Soros, op. cit., 1998b, p. 214-15.

impositiva neles. O quadro das transações também é constituído pelas decisões políticas que esses mesmos agentes tomam, como membros da sociedade, para exercer por sua vez uma imposição nos resultados coletivos que veem surgir. Num sistema social, o círculo entre o nível individual e coletivo é duplo; gira nos dois sentidos.

De um lado, como investidor ou consumidor, empregador ou à busca de emprego, cada um age de acordo com as "condições de mercado". Essas condições parecem ser impostas de fora, mesmo sendo determinadas indiretamente, e sem que todos saibam, pelo conjunto das ações de cada um: é o primeiro círculo entre níveis. E até esse ponto a analogia formal com o sistema biológico se mantém. Ao contrário dos componentes de um organismo, entretanto, os membros da sociedade não são obrigados a viver passivamente a obrigação imposta pelo nível do todo. Podem intervir direta e voluntariamente para transformar de volta: é o segundo círculo entre níveis. Porém, na ausência desse segundo círculo, a autotranscendência do vivo não poderia fornecer um modelo adequado para a autotranscendência do social.

No caso de um sistema vivo, a noção de autotranscendência implica uma distinção puramente lógica entre o nível dos elementos individuais e o do comportamento global que suas interações religadas em rede produzem. O comportamento próprio de uma rede dinâmica, o elemento de atração para o qual converge, é, como explicita Jean-Pierre Dupuy, "um ser que participa plenamente da atividade da rede e que, entretanto, num sentido a transcende, visto que provém de um nível superior de complexidade lógica". Do ponto de vista do observador que constata essa diferença de complexidade, o elemento que canaliza transcende as atividades elementares, mas ele as transcende apenas num sentido, porque nunca é senão a composição dessas mesmas atividades. O metanível não é só de fato saliente; nenhuma distância o separa do primeiro nível. É por essa razão que Dupuy pode evocar a esse propósito uma "transcendência na imanência".[20]

Uma transcendência imanente é uma transcendência bem inconveniente. Quando ele é coextensivo ao primeiro nível, o metanível não deixa praticamente margem de liberdade aos agentes individuais. Integralmente envolvidos na engrenagem de suas próprias interações, não têm o recuo necessário para reagir ao comportamento global que criam. Se esse comportamento global assume a forma de um círculo vicioso, não poderão escapar dele. O círculo vicioso perpetuar-se-á com a regularidade de um mecanismo. Sem dúvida, é só aos olhos de um observador exterior que o círculo se apresenta como vicioso ou não. Essa distinção não faz sentido para os componentes do organismo, que não têm um ponto de vista próprio. São de fato as engrenagens do mecanismo; sua submissão ao nível global é total.

Pois bem, quando se fecham num círculo vicioso, os membros da sociedade também se assemelham às engrenagens de um mecanismo, como vimos desde o início deste trabalho sobre a vingança. De fato, é nas situações patológicas de violência ou de pânico que mais se mecaniza o comportamento dos seres humanos. São

---

[20] Jean-Pierre Dupuy, op. cit., 1994, p. 109.

levados apesar de si mesmos pela dinâmica coletiva, que parece se dotar de vida própria. E é justamente nesses momentos de crise que o social deixa que modelos sejam estabelecidos pelo próprio tipo de rede dinâmica que serve para estabelecer modelos para o vivente. Mas o que muda tudo no caso do social é que os agentes individuais têm um olhar externo em relação ao comportamento global que surge da rede de suas interações. Mesmo não apreendendo a natureza do círculo vicioso, eles veem que o que acontece não corresponde às suas intenções, e isso é suficiente para abrir uma primeira brecha no fechamento do sistema.

É o que vimos no caso da vingança. Os indivíduos envolvidos na engrenagem da violência sentem que são levados por uma força superior a eles. Mas, justamente, eles veem essa força como algo que os domina de fora, veem o atrator para o qual convergem como um ser transcendente, fazendo dele um espírito ou um deus. Daí em diante, a autotranscendência perde sua imanência. Reificando o metanível, os homens distanciam-no e, distanciando-o, criam uma margem de manobra, convertendo a diferença dos níveis lógicos em distância real. Essa distância torna a influência do metanível menos absoluta, dando aos indivíduos, por sua vez, a possibilidade de influenciá-la. Com os espíritos e os deuses, é possível negociar. Dessa forma, uma reciprocidade entre os níveis se instaura; um segundo círculo começa a girar, um círculo desconhecido dos sistemas biológicos. Num certo sentido, a história dos sistemas sociais é a história desse segundo círculo.

É a história dos esforços feitos pelos homens para se voltarem contra a transcendência que criam apesar deles mesmos e para se liberarem de sua influência demasiadamente inoportuna.[21] Dessa forma, no lugar em que a autotranscendência do vivente se caracteriza por uma imanência da transcendência, a autotranscendência do social implica uma transcendência da transcendência. O longo percurso que começa com as crenças nos *sulukna* e nos *hau* chega à constatação de que não é com os deuses ou espíritos que temos de lidar, mas com nós mesmos.

É o fim da história? Pode-se fazer a economia de toda transcendência? Já tentamos mostrar ao longo deste livro que não. Numa relação entre sujeitos individuais, o círculo não poderia se fechar sem passar por esse metanível que constitui a própria relação. A transcendência da transcendência é um processo que nunca será concluído. Somos destinados a evoluir, para o melhor ou para o pior, através dos círculos que ligam o nível individual e coletivo.

Hoje, os partidários de um capitalismo sem regras nos condenam a esquecer o nível coletivo. Segundo eles, é melhor preocupar-se só consigo mesmo; o mercado fará o restante. Seria um erro não reconhecer o que essa promessa tem de sedução. O mercado libera os indivíduos do peso às vezes opressivo da sociabilidade primária e dos laços pessoais de reciprocidade de que é constituída. Abolindo a obrigação de retribuir, tal como está presente na dádiva, faz surgir a esperança de realizar o sonho paradisíaco, evocado por Lévi-Strauss no fim d'*As*

---

[21] A esse respeito, cf. Marcel Gauchet, *Le Désenchantement du monde. Une histoire politique de la religión*. Paris: Gallimard, 1985.

Estruturas Elementares do Parentesco, de fugir da "lei da troca" que rege as sociedades tradicionais e de "viver entre si" numa autonomia absoluta.[22]

Mas substituindo a rede pessoal da sociabilidade primária pela rede funcional da sociabilidade secundária, o mercado torna cada indivíduo dependente, como observou Smith, de uma "multidão de homens" ligados num sistema cada vez mais vasto e complexo. Visto que esse sistema tem um comportamento próprio, visto que, como um sistema biológico, manifesta uma vida própria, ele priva de sua autonomia os agentes individuais que o compõem. Estes acabam se tornando escravos do mecanismo global. Quanto mais acreditam gozar de uma liberdade completa no plano das transações individuais, mais são esmagados pelo metanível que essas transações criam. É a vingança do círculo.

Os inimigos mais insidiosos da sociedade aberta são hoje aqueles que apresentam como inevitável a dominação total do mundo pelo mercado. Essa dominação não é determinada antecipadamente. Apenas a crença em sua inevitabilidade a tornará inevitável. Só a crença de que se ela pode ser evitada permitirá evitá-la.

Para sair de um círculo vicioso, deve-se reconhecer sua circularidade. Não para recusar toda circularidade, mas para se lançar num círculo positivo que vai em outra direção. Somente fazendo recomeçar o círculo que se escapa de sua vingança.

---

[22] Claude Lévi-Strauss, op. cit., 1967, p. 570.

referências bibliográficas

ANSPACH, Mark R. "Le don paisible?". *Bulletin du MAUSS*, n. 11, 1984a, p. 15-38.
_____. "Tuer ou substituer: l'échange de victimes". *Bulletin du MAUSS*, n. 12, 1984b, p. 69-102.
_____. "Penser la vengeance". *Esprit*, n. 128, 1987, p. 103-11.
_____. "Le temps de la vengeance". *Cahiers du CREA*, n. 12, 1988, p. 145-77.
_____. e VARELA, Francisco."Le système immunitaire: un 'soi' cognitif autonome". In: *Introduction aux sciences cognitives*. ANDLER, Daniel (dir.). Paris: Gallimard, 1992, p. 489-509.
ANSPACH, Ralph. "Smith's growth paradigm". *History of Political Economy*, v. 8, n. 4, inverno, 1976, p. 495-514.
ASSOULY, Olivier. "Économie et circularité". *Revue d'économie financière*, n. 26, outono, 1993, p. 145-52.
ATLAN, Henri. "Violence fondatrice et référent divin". In: *Violence et Vérité*, DUMOUCHEL, Paul. (dir.). Paris: Grasset, 1985, p. 434-49.
BARRAUD, Cécile; COPPET, Daniel de; ITÉANU, André; JAMOUS, Raymond. "Des relations et des morts: quatre sociétés vues sous l'angle des échanges". In: *Différences, Valeurs, Hérarchie*. GALEY, Jean-Claude

(dir.). Paris: Editions de l'École des hautes études en sciences sociales, 1984, p. 421-520.

Bateson, Gregory e Ruesch, Jurgen. [1951], *Communication et Société*. Dupuis, Gérald (trad.). Paris: Le Seuil, 1988.

Boyer, Alain, "Introduction" à Friedrich von Hayek, "La théorie des phénomènes complexes". *Cahiers du Crea*, n. 13, 1989, p. 247-54.

Caillé, Alain, "Sujets individuels et sujet collectif", *Philosophie et Anthropologie*. Descamps, Christian (apres.). Paris: Centre Georges-Pompidou, 1992, p. 93-114.

_____. "Tout le monde gagne. Comment un état d'endettement mutuel positif est-il possible? Brefs commentaries sur l'article de Jacques Godbout". *La Revue du Mauss semestrielle*, n. 4, 1994, p. 220-26.

_____. "Ni holisme ni individualisme méthodologiques. Marcel Mauss et le paradigme du don". *La Revue du Mauss semestrielle*, n. 8, 1996, p. 12-58.

_____. "Présentation". *La Revue du Mauss semestrielle*, n. 10, 1997, p. 5-20.

_____. *Anthropologie du don. Le tiers paradigme*. Paris: Desclée de Brouwer, 2000.

Caillé, Philippe. *Un et un font trois. Le couple révélé à lui-même*. Paris: ESF, 1991.

Casajus, Dominique. "L' énigme de la troisième personne". In: *Différences, Valeurs, Hérarchie*. Galey, Jean-Claude (dir.). Paris: Editions de l'École des hautes études en sciences sociales, 1984, p. 65-78.

Castoriadis, Cornelius. *Domaines de l'homme. Les carrefours du labyrinthe*, t. II. Paris: Le Seuil, 1986.

Clark, M. S. e Mills, J. "Interpersonal attraction in Exchange and communal relationships". *Journal of Personality and Social Psychology*, n. 37, 1979, p. 12-24.

Clerc, Denis "L'Etat-providence à la suédoise". *Alternatives économiques*, n. 141, out., 1996, p. 64-67.

COMFORT, Alex. *The Joy of Sex*. Nova York: Crown, 1972.

CURRENT-GARCIA, Eugene. *O. Henry*. New Haven: Twayne Publishers/College and University Press, 1965.

DARBY, Michael R. "Three-and-a-half million U.S. employees have been mislaid: or, an explanation of unemployment, 1934-1941". *Journal of Political Economy*, v. 84, n. 1, fev., 1976, p. 1-16.

DUMOUCHEL, Paul. *Emotions. Essai sur le corps et le social*. Paris, Les Empêcheurs de penser en rond, 1995.

DUPUY, Jean-Pierre. *Ordres et Désordres*. Paris: Le Seuil, 1982.

_____. *Introduction aux sciences sociales. Logique des phénomènes collectifs*. Paris: Ellipses, 1992a.

_____. *Le Sacrifice et l'Envie. Le libéralisme aux prises avec la justice sociale*. Paris: Calmann-Lévy, 1992b.

_____. *Aux origines des sciences cognitives*. Paris: La Découverte, 1994.

_____. *Ethique et Philosophie de l'action*. Paris: Ellipses, 1998.

DURKHEIM, Emile. *Les formes élémentaires de la vie religieuse*. Paris: Presses Universitaires de France, 1968 [1912].

FRANK, Robert H. *Passions Within Reason*. Nova York: Northon, 1988.

_____. *One Market under God. Extreme Capitalism, Market Populism and the End of Economic Democracy*. Nova York: Doubleday, 2000.

FRIDMAN, Wolf H. *Le Cerveau mobile. De l'immunité au système immunitaire*. Paris: Hermann, 1991.

GALBRAITH, John Kenneth. *A Life in Our Times*. Boston: Houghton Mifflin, 1981.

GARINE, Igor de. "Les étrangers, la vengeance et les parents chez les Massa et les Moussey (Tchad et Cameroun)". In: *La Vengeance*, v. 1: *Vengeance et pouvoir dans quelques sociétés extra-occidentales*.

VERDIER, Raymond (dir.). Paris: Cujas, 1980, p. 91-124.

GAUCHET, Marcel. *Le Désenchantement du monde. Une histoire politique de la religión.* Paris: Gallimard, 1985.

GIRARD, René. *La Violence et le Sacré.* Paris: Grasset, 1972.

GODBOUT, Jacques T. "L'état d'endettement mutuel". *La Revue du MAUSS semestrielle,* n. 4, 1994, p. 205-19.

_____. *Le Don, la Dette et l'Identité. Homo donator vs homo oeconomicus.* Paris: La Découverte/MAUSS, 2000.

_____. G e CHARBONNEAU, Johanne. "La dette positive dans le lien familial". In: *Ce que donner veut dire, La Revue du MAUSS semestrielle,* n. 1, 1993, p. 235-56.

GOODMAN, Ellen. "What would the foremothers say?". *International Herald Tribune,* 28 ago., 1996, p. 11.

GREGORETTI, Marco e PIROSO, Antonello. "Proposta indecente. O no?", *Panorama,* 16 mai., 1993, p. 62-6.

GREGORY, Lady Isabella Augusta. *Cuchulain of Muirthemne. The Story of the Men of the Red Branch of Ulster.* In: *A Treasury of Irish Myth, Legend, and Folklore.* Nova York: Avenel, 1986 [1902], p. 327-704.

HANSON, F. Allan e HANSON, Louise. *Counterpoint in Maori Culture.* Londres: Routledge & Kegan Paul, 1983.

HOCART, Arthur Maurice. *Rois et Courtisans.* KARNOOUH, Martine e SABBAN, Richard (trad.). Paris: Le Seuil, 1978 [1936].

HOWARD, Jane. *Margaret Mead. A Life.* Nova York: Simon & Schuster, 1984.

IACONO, Alfonso M. *L'Evento e l'Osservatore: ricerche sulla storicitá della conoscenza.* Bergamo: Pierluigi Lubrina, 1987.

INSEL, Ahmet. "La part du don. Esquisse d'évaluation". In: *Ce que donner veut dire, La revue du Mauss semestrielle,* n. 1, 1993, p. 221-34.

KADARÉ, Ismaïl. *Avril brisé*, trad. Jusuf Vrioni. Paris: Fayard, 1982.

KAPFERER, Bruce. "Nationalist ideology and a comparative anthropology", *Ethnos*, 54: 3-4, 1989, p. 161-99.

KELLY, Kevin. *Out of Control. The New Biology of Machines, Social Systems, and the Economic World*, Reading. Mass.: Perseus, 1994.

KLEIN, Jean-Pierre, *Les Masques de l'argent*. Paris: Laffont, 1984.

KREMER-MARIETTI, Angèle. "Nietzsche et la vengeance comme restitution de la puissance". In: *La Vengeance*, v. 4: *La Vengeance dans la pensée occidentale*, COURTOIS, Gérard (dir.). Paris: Cujas, 1984, p. 219-41.

KRIER, B. A. "More pre-nuptial contracts contain clauses covering lifestyle", *Oakland Tribune*, 24 ago. 1986.

LAWRENCE, David Herbert. *Lady Chatterley's Lover*. Harmondsworth: Penguin, 1960 [1928].

_____. *L'Amant de lady Chatterley*. NORDON, Pierre (trad.). Paris: Le Livre de Poche, 1991.

LEFORT, Claude. "L'échange et la lutte des hommes", *Les Temps modernes*, n. 64, 1951, p. 1400-17.

LEUCHTENBURG, William E. *Franklin D. Roosevelt and the New Deal. 1932-1940.* Nova York: Harper Colophon, 1963.

LÉVI-STRAUSS, Claude. "Le Père Noël supplicié". *Les Temps modernes*, n. 77, 1952, p. 1572-90.

_____. *Les Structures élémentaires de la parente*. 2ª ed. Paris: Mouton, 1967 [1949].

_____. "Introduction à l'œuvre de Marcel Mauss". In: MAUSS, M., *Sociologie et Anthropologie*. Paris: Presses Universitaires de France, 1983 [1950], p. IX-LII.

MALAMOUD, Charles. "Croyance, finance, confiance dans l'Inde ancienne", *Revue d'économie financière*. Edição especial, nov., 1991, p. 589-92.

MANGHI, Sergio, "Interpensare. Individui, relazioni e collettivo". *Rivista italiana di gruppoanalisi,* v. 10, n. 3-4, dez., 1995, p. 9-24.

MAUSS, Marcel. *Manuel d'ethnographie.* Paris: Payot, 1947.

_____. "Sur un texte de Posidonius. Le suicide, contre-prestation suprême". In: *Œuvres,* v. 3. Paris: Minuit, 1969 [1925], p. 52-7.

_____. *Essai sur le don.* In: *Sociologie et Anthropologie.* Paris: Presses Universitaires de France, 1983 [1923-1924], p. 143-279.

MURSTEIN, Bernard; CERRETO, Mary; MACDONALD, Marcia. "A theory and investigation of the effect of exchange-orientation on marriage and friendship". *Journal of Marriage and the Family,* n. 39, 1977, p. 543-8.

NETTI, Enrico. "Un nuovo Dna per le '.com'", *Il Sole-24 Ore,* 20 jul., suplemento "New Economy", 2001, p. 1.

O. HENRY. "The Gift of the Magi". In: *The Four Million.* Nova York: McClure, Phillips (retomado em *The Complete Works of O. Henry,* v. 1, Garden City. Nova York: Doubleday, 1906, p. 7-11).

_____. "Les cadeaux inutiles" In: *New York Tic Tac.* Paris: Stock, 1993, p. 7-14.

ORLÉAN, André. "L'origine de la monnaie (I)". *La Revue du MAUSS,* n. 14, 1991, p. 126-52.

_____. "La monnaie comme lien social. Etude de *Philosophie de l'argent de* Georg Simmel". *Genèses,* n. 8, jun. 1992, p. 86-107.

_____. "La monnaie autoréférentielle: réflexions sur les évolutions monétaires contemporaines". In: *La Monnaie souveraine.* AGLIETTA, Michel e ORLÉAN, André (dir.)., Paris Odile Jacob, 1998, p. 359-86.

PARRY, Jonathan, "*The Gift,* the Indian Gift and the 'Indian Gift'". *Man,* v. 21, n. 3, 1986, p. 453-73.

POLENBERG, Richard. *War and Society. The United States, 1941-1945.* Philadelphie: J. B. Lippincott, 1972.

POLITO, Antonio. "Keynes, la rivincita dello Stato". *La Repubblica,* 4 nov., 1998, p. 41.

RACINE, Luc. "Les formes élémentaires de la réciprocité". *L'Homme,* n. 99, jul.-set., 1986, p. 97-117.

ROOSEVELT, Franklin D. *The Roosevelt Reader.* RAUCH, Basil (dir.). Nova York: Holt, Rinehart & Winston, 1957.

SAHLINS, Marshall. *Age de pierre, Age d'abondance.* JOLAS, Tina (trad.). Paris: Gallimard, 1976.

SCUBLA, Lucien. "Jamais deux sans trois? Réflexions sur les structures élémentaires de la réciprocité". In: *Logiques de la réciprocité. Cahiers du CREA,* n. 6, 1985.

_____. "Vindicatory system, sacrificial system". In: *Vengeance.* ANSPACH, Mark (dir.). *Stanford French Review,* 16. 1, 1992, p. 55-76.

_____. ""Ceci n'est pas un meurtre" ou comment le sacrifice contient la violence". In: *De la violence, t. II,* seminário de Françoise Héritier. Paris: Odile Jacob, 1999, p. 135-70.

SERRES, Michel. "Apparition d'Hermès: Don Juan". In: *Hermès,* t. I. Paris: Minuit, 1968, p. 233-45.

SIMMEL, Georg. *Philosophie de l'argent.* trad. Sabine Cornille e Philippe Ivernel. Paris: Presses Universitaires de France, 1987 [1900].

SJOESTEDT, Marie-Louise. *Dieux et Héros des Celtes.* Paris: Presses Universitaires de France, 1940.

SMITH, Adam. *An Inquiry into the Nature and Causes of the Wealth of Nations.* CANAAN, Edwin (dir.). Nova York: Modern Library, 1937 [1776].

_____. *Recherches sur la nature et les causes de la richesse des nations,* t. I e II.

GARNIER, Germain (trad.). Paris: Garnier-Flammarion, 1991.

SOROS, George. *The Crisis of Global Capitalism, Open Society Endangered.* Nova York: Perseus/Public Affairs, 1998a.

_____. *La Crise du capitalisme mondial. L'intégrisme des marches.* Paris: Plon, 1998b.

TCHERKÉZOFF, Serge. "La totalité durkheimienne". *L'Ethnographie,* t. 91, 1, 1995, p. 53-69.

THÉRET, Bruno. "Souveraineté et légitimité de la monnaie. Monnaie et impôt". In: *Souveraineté, légitimité de la monnaie.* AGLIETTA, Michel e ORLÉAN, André (dir.). Paris: Association d'économie financière / Centre de recherche em épistémologie appliquée, 1995, p. 71-81.

TRICAUD, François. *L'Accusation. Recherche sur les figures de l'agression éthique.* Paris: Dalloz, 1977.

TSUDA, Itsuo. *Le Non-Faire.* Paris: Le Courrier du Livre, 1973.

VARELA, Francisco. *Autonomie et Connaissance. Essai sur le vivant.* DUMOUCHEL, Paul (trad.). Paris: Le Seuil, 1989.

VARELA, Francisco J.; COUTINHO, Antoinio; STEWART, John. "What is the immune network for?". In: *Thinking About Biology.* STEIN, W. D. e VARELA, F. J. (dir.). Addison-Wesley, 1993, p. 215-30.

VERDIER, Raymond. "Le système vindicatoire". In: *La Vengeance,* v. 1: *Vengeance et Pouvoir dans quelques sociétés extra-occidentales.* VERDIER, Raymond (dir.). Paris: Cujas, 1980, p. 11-42.

WATZLAWICK, Paul; WEAKLAND, John H.; FISCH, Richard. *Changements. Paradoxes et psychothérapie.* FURLAN, P. (trad.). Paris: Le Seuil, 1975.

ZELIZER, Viviana A. *The Social Meaning of Money.* Nova York: Basic Books, 1994.

breve explicação

Arnaldo Momigliano inspira nossa tarefa, já que a alquimia dos antiquários jamais se realizou: nenhum catálogo esgota a pluralidade do mundo e muito menos a dificuldade de uma questão complexa como a teoria mimética.

O cartógrafo borgeano conheceu constrangimento semelhante, como Jorge Luis Borges revelou no poema "La Luna". Como se sabe, o cartógrafo não pretendia muito, seu projeto era modesto: "cifrar el universo / En un libro". Ao terminá-lo, levantou os olhos "con ímpetu infinito", provavelmente surpreso com o poder de palavras e compassos. No entanto, logo percebeu que redigir catálogos, como produzir livros, é uma tarefa infinita:

> Gracias iba a rendir a la fortuna
> Cuando al alzar los ojos vio un bruñido
> Disco en el aire y comprendió aturdido
> Que se había olvidado de la luna.

Nem antiquários, tampouco cartógrafos: portanto, estamos livres para apresentar ao público brasileiro uma cronologia que não se pretende exaustiva da vida e da obra de René Girard.

Com o mesmo propósito, compilamos uma bibliografia sintética do pensador francês, privilegiando os livros publicados. Por isso, não mencionamos a grande quantidade de ensaios e capítulos de livros que escreveu, assim como de entrevistas que concedeu. Para o leitor interessado numa relação completa de sua vasta produção, recomendamos o banco de dados organizado pela Universidade de Innsbruck: http://www.uibk.ac.at/rgkw/mimdok/suche/index.html.en.

De igual forma, selecionamos livros e ensaios dedicados, direta ou indiretamente, à obra de René Girard, incluindo os títulos que sairão na Biblioteca René Girard. Nosso objetivo é estimular o convívio reflexivo com a teoria mimética. Ao mesmo tempo, desejamos propor uma coleção cujo aparato crítico estimule novas pesquisas.

Em outras palavras, o projeto da Biblioteca René Girard é também um convite para que o leitor venha a escrever seus próprios livros acerca da teoria mimética.

cronologia de René Girard

René Girard nasce em Avignon (França) no dia 25 de dezembro de 1923; o segundo de cinco filhos. Seu pai trabalha como curador do Museu da Cidade e do famoso "Castelo dos Papas". Girard estuda no liceu local e recebe seu *baccalauréat* em 1940.

De 1943 a 1947 estuda na École des Chartes, em Paris, especializando-se em história medieval e paleografia. Defende a tese *La Vie Privée à Avignon dans la Seconde Moitié du XVme Siècle*.

Em 1947 René Girard deixa a França e começa um doutorado em História na Universidade de Indiana, Bloomington, ensinando Literatura Francesa na mesma universidade. Conclui o doutorado em 1950 com a tese *American Opinion on France, 1940-1943*.

No dia 18 de junho de 1951, Girard casa-se com Martha McCullough. O casal tem três filhos: Martin, Daniel e Mary.

Em 1954 começa a ensinar na Universidade Duke e, até 1957, no Bryn Mawr College.

Em 1957 torna-se professor assistente de Francês na Universidade Johns Hopkins, em Baltimore.

Em 1961 publica seu primeiro livro, *Mensonge Romantique et Vérité Romanesque*, expondo os princípios da teoria do desejo mimético.

Em 1962 torna-se professor associado na Universidade Johns Hopkins.

Organiza em 1962 *Proust: A Collection of Critical Essays* e, em 1963, publica *Dostoïevski, du Double à l'Unité*.

Em outubro de 1966, em colaboração com Richard Macksey e Eugenio Donato, organiza o colóquio internacional "The Languages of Criticism and the Sciences of Man". Nesse colóquio participam Lucien Goldmann, Roland Barthes, Jacques Derrida e Jacques Lacan, entre outros. Esse encontro é visto como a introdução do estruturalismo nos Estados Unidos. Nesse período, Girard desenvolve a noção do assassinato fundador.

Em 1968 transfere-se para a Universidade do Estado de Nova York, em Buffalo, e ocupa a direção do Departamento de Inglês. Principia sua colaboração e amizade com Michel Serres. Começa a interessar-se mais seriamente pela obra de Shakespeare.

Em 1972 publica *La Violence et le Sacré*, apresentando o mecanismo do bode expiatório. No ano seguinte, a revista *Esprit* dedica um número especial à obra de René Girard.

Em 1975 retorna à Universidade Johns Hopkins.

Em 1978, com a colaboração de Jean-Michel Oughourlian e Guy Lefort, dois psiquiatras franceses, publica seu terceiro livro, *Des Choses Cachées depuis la Fondation du Monde*. Trata-se de um longo e sistemático diálogo sobre a teoria mimética compreendida em sua totalidade.

Em 1980, na Universidade Stanford, recebe a "Cátedra Andrew B. Hammond" em Língua, Literatura e Civilização Francesa. Com a colaboração de Jean-Pierre Dupuy, cria e dirige o "Program for Interdisciplinary Research", responsável pela realização de importantes colóquios internacionais.

Em 1982 publica *Le Bouc Émissaire* e, em 1985, *La Route Antique des Hommes Pervers*. Nesses livros, Girard principia a desenvolver uma abordagem hermenêutica para uma leitura dos textos bíblicos com base na teoria mimética.

Em junho de 1983, no Centre Culturel International de Cerisy-la-Salle, Jean-Pierre Dupuy e Paul Dumouchel organizam o colóquio "Violence et Vérité. Autour de René Girard". Os "Colóquios de Cerisy" representam uma referência fundamental na recente história intelectual francesa.

Em 1985 recebe, da Frije Universiteit de Amsterdã, o primeiro de muitos doutorados *honoris causa*. Nos anos seguintes, recebe a mesma distinção da Universidade de Innsbruck, Áustria (1988); da Universidade de Antuérpia, Bélgica (1995); da Universidade de Pádua, Itália (2001); da Universidade de Montreal, Canadá (2004); da University College London, Inglaterra (2006); da Universidade de St. Andrews, Escócia (2008).

Em 1990 é criado o Colloquium on Violence and Religion (COV&R). Trata-se de uma associação internacional de pesquisadores dedicada ao desenvolvimento e à crítica da teoria mimética, especialmente no tocante às relações entre violência e religião nos primórdios da cultura. O Colloquium on Violence and Religion organiza colóquios anuais e publica a revista *Contagion*. Girard é o presidente honorário da instituição. Consulte-se a página: http://www.uibk.ac.at/theol/cover/.

Em 1990 visita o Brasil pela primeira vez: encontro com representantes da Teologia da Libertação, realizado em Piracicaba, São Paulo.

Em 1991 Girard publica seu primeiro livro escrito em inglês: *A Theatre of Envy: William Shakespeare* (Oxford University Press). O livro recebe o "Prix Médicis", na França.

Em 1995 aposenta-se na Universidade Stanford.

Em 1999 publica *Je Vois Satan Tomber comme l'Éclair*. Desenvolve a leitura antropológica dos textos bíblicos com os próximos dois livros: *Celui par qui le Scandale Arrive* (2001) e *Le Sacrifice* (2003).

Em 2000 visita o Brasil pela segunda vez: lançamento de *Um Longo Argumento do Princípio ao Fim. Diálogos com João Cezar de Castro Rocha e Pierpaolo Antonello*.

Em 2004 recebe o "Prix Aujourd'hui" pelo livro *Les Origines de la Culture. Entretiens avec Pierpaolo Antonello et João Cezar de Castro Rocha*.

Em 17 de março de 2005, René Girard é eleito para a Académie Française. O "Discurso de Recepção" foi feito por Michel Serres em 15 de dezembro. No mesmo ano, cria-se em Paris a Association pour les Recherches Mimétiques (ARM).

Em 2006 René Girard e Gianni Vattimo dialogam sobre cristianismo e modernidade: *Verità o Fede Debole? Dialogo su Cristianesimo e Relativismo*.

Em 2007 publica *Achever Clausewitz*, um diálogo com Benoît Chantre. Nessa ocasião, desenvolve uma abordagem apocalíptica da história.

Em outubro de 2007, em Paris, é criada a "Imitatio. Integrating the Human Sciences", (http://www.imitatio.org/), com apoio da Thiel Foundation. Seu objetivo é ampliar e promover as consequências da teoria girardiana sobre o comportamento humano e a cultura. Além disso, pretende apoiar o estudo interdisciplinar da teoria mimética. O primeiro encontro da Imitatio realiza-se em Stanford, em abril de 2008.

Em 2008 René Girard recebe a mais importante distinção da Modern Language Association (MLA): "Lifetime Achievement Award".

bibliografia de René Girard

Mensonge Romantique et Vérité Romanesque.
Paris: Grasset, 1961. [*Mentira Romântica e Verdade Romanesca.* Trad. Lília Ledon da Silva. São Paulo: Editora É, 2009.]
Proust: A Collection of Critical Essays.
Englewood Cliffs: Prentice Hall, 1962.
Dostoïevski, du Double à l'Unité. Paris: Plon, 1963. (Este livro será publicado na Biblioteca René Girard.)
La Violence et le Sacré. Paris: Grasset, 1972.
Critique dans un Souterrain. Lausanne: L'Age d'Homme, 1976.
To Double Business Bound: Essays on Literature, Mimesis, and Anthropology.
Baltimore: Johns Hopkins University Press, 1978. (Este livro será publicado na Biblioteca René Girard.)
Des Choses Cachées depuis la Fondation du Monde. Pesquisas com Jean-Michel Oughourlian e Guy Lefort. Paris: Grasset, 1978.
Le Bouc Émissaire. Paris: Grasset, 1982.
La Route Antique des Hommes Pervers.
Paris: Grasset, 1985.
Violent Origins: Walter Burkert, René Girard, and Jonathan Z. Smith on Ritual Killing and Cultural Formation. Org. Robert Hamerton-Kelly. Stanford: Stanford University Press, 1988. (Este livro será publicado na Biblioteca René Girard.)

A Theatre of Envy: William Shakespeare.
Nova York: Oxford University Press, 1991.
[*Shakespeare: Teatro da Inveja*. Trad. Pedro
Sette-Câmara. São Paulo: Editora É, 2010.]
Quand ces Choses Commenceront...
Entretiens avec Michel Treguer. Paris:
Arléa, 1994. (Este livro será publicado na
Biblioteca René Girard.)
The Girard Reader. Org. James G. Williams.
Nova York: Crossroad, 1996.
Je Vois Satan Tomber comme l'Éclair. Paris:
Grasset, 1999.
Um Longo Argumento do Princípio ao Fim.
Diálogos com João Cezar de Castro Rocha
e Pierpaolo Antonello. Rio de Janeiro: Top-
books, 2000. Este livro, escrito em inglês,
foi publicado, com algumas modificações,
em italiano, espanhol, polonês, japonês,
coreano, tcheco e francês. Na França, em
2004, recebeu o "Prix Aujourd'hui".
Celui par Qui le Scandale Arrive: Entre-
tiens avec Maria Stella Barberi. Paris:
Desclée de Brouwer, 2001. (Este livro será
publicado na Biblioteca René Girard.)
La Voix Méconnue du Réel: Une Théorie des
Mythes Archaïques et Modernes. Paris:
Grasset, 2002. (Este livro será publicado
na Biblioteca René Girard.)
Il Caso Nietzsche. La Ribellione Fallita
dell'Anticristo. Com colaboração e edição de
Giuseppe Fornari. Gênova: Marietti, 2002.
Le Sacrifice. Paris: Bibliothèque Nationale
de France, 2003. (Este livro será publica-
do na Biblioteca René Girard.)
Oedipus Unbound: Selected Writings on
Rivalry and Desire. Org. Mark R. Anspach.
Stanford: Stanford University Press, 2004.
Miti d'Origine. Massa: Transeuropa Edi-
zioni, 2005. (Este livro será publicado na
Biblioteca René Girard.)
Verità o Fede Debole. Dialogo su Cristiane-
simo e Relativismo. Com Gianni Vattimo.
Org. Pierpaolo Antonello. Massa: Tran-
seuropa Edizioni, 2006.

Achever Clausewitz (Entretiens avec Benoît Chantre). Paris: Carnets Nord, 2007. (Este livro será publicado na Biblioteca René Girard.)
Le Tragique et la Pitié: Discours de Réception de René Girard à l'Académie Française et Réponse de Michel Serres. Paris: Editions le Pommier, 2007. (Este livro será publicado na Biblioteca René Girard.)
De la Violence à la Divinité. Paris: Grasset, 2007. Reunião dos principais livros de Girard publicados pela Editora Grasset, acompanhada de uma nova introdução para todos os títulos. O volume inclui *Mensonge Romantique et Vérité Romanesque, La Violence et le Sacré, Des Choses Cachées depuis la Fondation du Monde* e *Le Bouc Émissaire.*
Dieu, une Invention?. Com André Gounelle e Alain Houziaux. Paris: Editions de l'Atelier, 2007. (Este livro será publicado na Biblioteca René Girard.)
Evolution and Conversion. Dialogues on the Origins of Culture. Com Pierpaolo Antonello e João Cezar de Castro Rocha. Londres: The Continuum, 2008. (Este livro será publicado na Biblioteca René Girard.)
Anorexie et Désir Mimétique. Paris: L'Herne, 2008. (Este livro será publicado na Biblioteca René Girard.)
Mimesis and Theory: Essays on Literature and Criticism, 1953-2005. Org. Robert Doran. Stanford: Stanford University Press, 2008.
La Conversion de l'Art. Paris: Carnets Nord, 2008. Este livro é acompanhado por um DVD, *Le Sens de l'Histoire*, que reproduz um diálogo com Benoît Chantre. (Este livro será publicado na Biblioteca René Girard.)
Gewalt und Religion: Gespräche mit Wolfgang Palaver. Berlim: Matthes & Seitz Verlag, 2010.
Géométries du Désir. Prefácio de Mark Anspach. Paris: Ed. de L'Herne, 2011.

bibliografia selecionada sobre René Girard[1]

BANDERA, Cesáreo. *Mimesis Conflictiva: Ficción Literaria y Violencia en Cervantes y Calderón.* (Biblioteca Románica Hispánica – Estudios y Ensayos 221). Prefácio de René Girard. Madri: Editorial Gredos, 1975.

SCHWAGER, Raymund. *Brauchen Wir einen Sündenbock? Gewalt und Erläsung in den Biblischen Schriften.* Munique: Kasel, 1978.

DUPUY, Jean-Pierre e DUMOUCHEL, Paul. *L'Enfer des Choses: René Girard et la Logique de l'Économie.* Posfácio de René Girard. Paris: Le Seuil, 1979.

CHIRPAZ, François. *Enjeux de la Violence: Essais sur René Girard.* Paris: Cerf, 1980.

GANS, Eric. *The Origin of Language: A Formal Theory of Representation.* Berkeley: University of California Press, 1981.

AGLIETTA, M. e ORLÉAN, A. *La Violence de la Monnaie.* Paris: PUF, 1982.

---

[1] Agradecemos a colaboração de Pierpaolo Antonello, do St. John's College (Universidade de Cambridge). Nesta bibliografia, adotamos a ordem cronológica em lugar da alfabética a fim de evidenciar a recepção crescente da obra girardiana nas últimas décadas.

OUGHOURLIAN, Jean-Michel. *Un Mime Nomme Desir: Hysterie, Transe, Possession, Adorcisme.* Paris: Éditions Grasset et Fasquelle, 1982. (Este livro será publicado na Biblioteca René Girard.)

DUPUY, Jean-Pierre e DEGUY, Michel (orgs.). *René Girard et le Problème du Mal.* Paris: Grasset, 1982.

DUPUY, Jean-Pierre. *Ordres et Désordres.* Paris: Le Seuil, 1982.

FAGES, Jean-Baptiste. *Comprendre René Girard.* Toulouse: Privat, 1982.

MCKENNA, Andrew J. (org.). *René Girard and Biblical Studies* (*Semeia* 33). Decatur, GA: Scholars Press, 1985.

CARRARA, Alberto. *Violenza, Sacro, Rivelazione Biblica: Il Pensiero di René Girard.* Milão: Vita e Pensiero, 1985.

DUMOUCHEL, Paul (org.). *Violence et Vérité – Actes du Colloque de Cerisy.* Paris: Grasset, 1985. Tradução para o inglês: *Violence and Truth: On the Work of René Girard.* Stanford: Stanford University Press, 1988.

ORSINI, Christine. *La Pensée de René Girard.* Paris: Retz, 1986.

To Honor René Girard. Presented on the Occasion of his Sixtieth Birthday by Colleagues, Students, Friends. Stanford French and Italian Studies 34. Saratoga, CA: Anma Libri, 1986.

LERMEN, Hans-Jürgen. *Raymund Schwagers Versuch einer Neuinterpretation der Erläsungstheologie im Anschluss an René Girard.* Mainz: Unveräffentlichte Diplomarbeit, 1987.

LASCARIS, André. *Advocaat van de Zondebok: Het Werk van René Girard en het Evangelie van Jezus.* Hilversum: Gooi & Sticht, 1987.

BEEK, Wouter van (org.). *Mimese en Geweld: Beschouwingen over het Werk van René Girard.* Kampen: Kok Agora, 1988.

HAMERTON-KELLY, Robert G. (org.). *Violent Origins: Walter Burkert, Rene Girard, and*

Jonathan Z. Smith on Ritual Killing and Cultural Formation. Stanford: Stanford University Press, 1988. (Este livro será publicado na Biblioteca René Girard.)

GANS, Eric. Science and Faith: The Anthropology of Revelation. Savage, MD: Rowman & Littlefield, 1990.

ASSMANN, Hugo (org.). René Girard com Teólogos da Libertação: Um Diálogo sobre Ídolos e Sacrifícios. Petrópolis: Vozes, 1991. Tradução para o alemão: Gätzenbilder und Opfer: René Girard im Gespräch mit der Befreiungstheologie. (Beiträge zur mimetischen Theorie 2). Thaur, Münster: Druck u. Verlagshaus Thaur, LIT-Verlag, 1996. Tradução para o espanhol: Sobre Ídolos y Sacrifícios: René Girard con Teólogos de la Liberación. (Colección Economía-Teología). San José, Costa Rica: Editorial Departamento Ecuménico de Investigaciones, 1991.

ALISON, James. A Theology of the Holy Trinity in the Light of the Thought of René Girard. Oxford: Blackfriars, 1991.

RÉGIS, J. P. (org.). Table Ronde Autour de René Girard. (Publications des Groupes de Recherches Anglo-américaines 8). Tours: Université François Rabelais de Tours, 1991.

WILLIAMS, James G. The Bible, Violence, and the Sacred: Liberation from the Myth of Sanctionated Violence. Prefácio de René Girard. San Francisco: Harper, 1991.

LUNDAGER JENSEN, Hans Jürgen. René Girard. (Profil-Serien 1). Frederiksberg: Forlaget Anis, 1991.

HAMERTON-KELLY, Robert G. Sacred Violence: Paul's Hermeneutic of the Cross. Minneapolis: Augsburg Fortress, 1992. (Este livro será publicado na Biblioteca René Girard.)

MCKENNA, Andrew J. (org.). Violence and Difference: Girard, Derrida, and Deconstruction. Chicago: University of Illinois Press, 1992.

LIVINGSTON, Paisley. *Models of Desire: René Girard and the Psychology of Mimesis*. Baltimore: The Johns Hopkins University Press, 1992.

LASCARIS, André e WEIGAND, Hans (orgs.). *Nabootsing: In Discussie over René Girard*. Kampen: Kok Agora, 1992.

GOLSAN, Richard J. *René Girard and Myth: An Introduction*. Nova York e Londres: Garland, 1993 (Nova York: Routledge, 2002). (Este livro será publicado na Biblioteca René Girard.)

GANS, Eric. *Originary Thinking: Elements of Generative Anthropology*. Stanford: Stanford University Press, 1993.

HAMERTON-KELLY, Robert G. *The Gospel and the Sacred: Poetics of Violence in Mark*. Prefácio de René Girard. Minneapolis: Fortress Press, 1994.

BINABURO, J. A. Bakeaz (org.). *Pensando en la Violencia: Desde Walter Benjamin, Hannah Arendt, René Girard y Paul Ricoeur*. Centro de Documentación y Estudios para la Paz. Madri: Libros de la Catarata, 1994.

MCCRACKEN, David. *The Scandal of the Gospels: Jesus, Story, and Offense*. Oxford: Oxford University Press, 1994.

WALLACE, Mark I. e SMITH, Theophus H. *Curing Violence: Essays on René Girard*. Sonoma, CA: Polebridge Press, 1994.

BANDERA, Cesáreo. *The Sacred Game: The Role of the Sacred in the Genesis of Modern Literary Fiction*. University Park: Pennsylvania State University Press, 1994. (Este livro será publicado na Biblioteca René Girard.)

ALISON, James. *The Joy of Being Wrong: An Essay in the Theology of Original Sin in the Light of the Mimetic Theory of René Girard*. Santiago de Chile: Instituto Pedro de Córdoba, 1994. (Este livro será publicado na Biblioteca René Girard.)

LAGARDE, François. *René Girard ou la Christianisation des Sciences Humaines*. Nova York: Peter Lang, 1994.

TEIXEIRA, Alfredo. *A Pedra Rejeitada: O Eterno Retorno da Violência e a Singularidade da Revelação Evangélica na Obra de René Girard*. Porto: Universidade Católica Portuguesa, 1995.

BAILIE, Gil. *Violence Unveiled: Humanity at the Crossroads*. Nova York: Crossroad, 1995.

TOMELLERI, Stefano. *René Girard. La Matrice Sociale della Violenza*. Milão: F. Angeli, 1996.

GOODHART, Sandor. *Sacrificing Commentary: Reading the End of Literature*. Baltimore: Johns Hopkins University Press, 1996.

PELCKMANS, Paul e VANHEESWIJCK, Guido. *René Girard, het Labyrint van het Verlangen: Zes Opstellen*. Kampen/Kapellen: Kok Agora/Pelcckmans, 1996.

GANS, Eric. *Signs of Paradox: Irony, Resentment, and Other Mimetic Structures*. Stanford: Stanford University Press, 1997.

SANTOS, Laura Ferreira dos. *Pensar o Desejo: Freud, Girard, Deleuze*. Braga: Universidade do Minho, 1997.

GROTE, Jim e McGEENEY, John R. *Clever as Serpents: Business Ethics and Office Politics*. Minnesota: Liturgical Press, 1997. (Este livro será publicado na Biblioteca René Girard.)

FEDERSCHMIDT, Karl H.; ATKINS, Ulrike; TEMME, Klaus (orgs.). *Violence and Sacrifice: Cultural Anthropological and Theological Aspects Taken from Five Continents*. Intercultural Pastoral Care and Counseling 4. Düsseldorf: SIPCC, 1998.

SWARTLEY, William M. (org.). *Violence Renounced: René Girard, Biblical Studies and Peacemaking*. Telford: Pandora Press, 2000.

FLEMING, Chris. *René Girard: Violence and Mimesis*. Cambridge: Polity, 2000.

ALISON, James. *Faith Beyond Resentment: Fragments Catholic and Gay*. Londres: Darton, Longman & Todd, 2001. Tradução para o português: *Fé Além do Ressentimento: Fragmentos Católicos em Voz Gay*. São Paulo: Editora É, 2010.

ANSPACH, Mark Rogin. *A Charge de Revanche: Figures Élémentaires de la Réciprocité*. Paris: Editions du Seuil, 2002. (Este livro será publicado na Biblioteca René Girard.)

GOLSAN, Richard J. *René Girard and Myth*. Nova York: Routledge, 2002. (Este livro será publicado na Biblioteca René Girard.)

DUPUY, Jean-Pierre. *Pour un Catastrophisme Éclairé. Quand l'Impossible est Certain*. Paris: Editions du Seuil, 2002. (Este livro será publicado na Biblioteca René Girard.)

JOHNSEN, William A. *Violence and Modernism: Ibsen, Joyce, and Woolf*. Gainesville, FL: University Press of Florida, 2003. (Este livro será publicado na Biblioteca René Girard.)

KIRWAN, Michael. *Discovering Girard*. Londres: Darton, Longman & Todd, 2004. (Este livro será publicado na Biblioteca René Girard.)

BANDERA, Cesáreo. *Monda y Desnuda: La Humilde Historia de Don Quijote. Reflexiones sobre el Origen de la Novela Moderna*. Madri: Iberoamericana, 2005. (Este livro será publicado na Biblioteca René Girard.)

VINOLO, Stéphane. *René Girard: Du Mimétisme à l'Hominisation, la Violence Différante*. Paris: L'Harmattan, 2005. (Este livro será publicado na Biblioteca René Girard.)

INCHAUSTI, Robert. *Subversive Orthodoxy: Outlaws, Revolutionaries, and Other Christians in Disguise*. Grand Rapids, MI: Brazos Press, 2005. (Este livro será publicado na Biblioteca René Girard.)

FORNARI, Giuseppe. *Fra Dioniso e Cristo. Conoscenza e Sacrificio nel Mondo Greco e nella Civiltà Occidentale.* Gênova-Milão: Marietti, 2006. (Este livro será publicado na Biblioteca René Girard.)

ANDRADE, Gabriel. *La Crítica Literaria de René Girard.* Mérida: Universidad del Zulia, 2007.

HAMERTON-KELLY, Robert G. (org.). *Politics & Apocalypse.* East Lansing, MI: Michigan State University Press, 2007. (Este livro será publicado na Biblioteca René Girard.)

LANCE, Daniel. *Vous Avez Dit Elèves Difficiles? Education, Autorité et Dialogue.* Paris, L'Harmattan, 2007. (Este livro será publicado na Biblioteca René Girard.)

VINOLO, Stéphane. *René Girard: Épistémologie du Sacré.* Paris: L'Harmattan, 2007. (Este livro será publicado na Biblioteca René Girard.)

OUGHOURLIAN, Jean-Michel. *Genèse du Désir.* Paris: Carnets Nord, 2007. (Este livro será publicado na Biblioteca René Girard.)

ALBERG, Jeremiah. *A Reinterpretation of Rousseau: A Religious System.* Nova York: Palgrave Macmillan, 2007. (Este livro será publicado na Biblioteca René Girard.)

DUPUY, Jean-Pierre. *Dans l'Oeil du Cyclone – Colloque de Cerisy.* Paris: Carnets Nord, 2008. (Este livro será publicado na Biblioteca René Girard.)

DUPUY, Jean-Pierre. *La Marque du Sacré.* Paris: Carnets Nord, 2008. (Este livro será publicado na Biblioteca René Girard.)

ANSPACH, Mark Rogin (org.). *René Girard.* Les Cahiers de l'Herne n. 89. Paris: L'Herne, 2008. (Este livro será publicado na Biblioteca René Girard.)

DEPOORTERE, Frederiek. *Christ in Postmodern Philosophy: Gianni Vattimo, Rene Girard, and Slavoj Zizek.* Londres: Continuum, 2008.

PALAVER, Wolfgang. *René Girards Mimetische Theorie. Im Kontext Kulturtheoretischer und Gesellschaftspolitischer Fragen*. 3. Auflage. Münster: LIT, 2008.

BARBERI, Maria Stella (org.). *Catastrofi Generative - Mito, Storia, Letteratura*. Massa: Transeuropa Edizioni, 2009. (Este livro será publicado na Biblioteca René Girard.)

ANTONELLO, Pierpaolo e BUJATTI, Eleonora (orgs.). *La Violenza Allo Specchio. Passione e Sacrificio nel Cinema Contemporaneo*. Massa: Transeuropa Edizioni, 2009. (Este livro será publicado na Biblioteca René Girard.)

RANIERI, John J. *Disturbing Revelation - Leo Strauss, Eric Voegelin, and the Bible*. Columbia, MO: University of Missouri Press, 2009. (Este livro será publicado na Biblioteca René Girard.)

GOODHART, Sandor; JORGENSEN, J.; RYBA, T.; WILLIAMS, J. G. (orgs.). *For René Girard. Essays in Friendship and in Truth*. East Lansing, MI: Michigan State University Press, 2009.

ANSPACH, Mark Rogin. *Oedipe Mimétique*. Paris: Éditions de L'Herne, 2010. (Este livro será publicado na Biblioteca René Girard.)

MENDOZA-ÁLVAREZ, Carlos. *El Dios Escondido de la Posmodernidad. Deseo, Memoria e Imaginación Escatológica. Ensayo de Teología Fundamental Posmoderna*. Guadalajara: ITESO, 2010. (Este livro será publicado na Biblioteca René Girard.)

ANDRADE, Gabriel. *René Girard: Un Retrato Intelectual*. 2010. (Este livro será publicado na Biblioteca René Girard.)

índice analítico

Assassinato
  vingança do, 21
Autossacrifício, 28
  recíproco, 29, 130
Autotranscendência,
  64, 85, 136, 142-43,
  145, 156, 159
Camaradagem
  coletiva, 72
Causalidade
  circular, 61, 151
  unívoca, 61
Contrato
  social, 140
Dilema
  do futuro do
  prisioneiro, 89,
  134-36
Dom, 37, 55
  antropologia do, 19
  arcaico, 18, 45, 107
  circulação do, 57
  círculo vicioso do, 18
  duplo vínculo do, 44
  espírito do, 46, 56,
  96
  magia do, 43
  moderno, 45, 49
  paradoxo do, 44

reciprocidade do, 77
reciprocidade
  positiva do, 34
troca de, 62
Duplo
  vínculo, 19, 43, 45,
  49, 53, 69, 103,
  105, 127
Estruturalismo, 39
Evidência, 21
Exigência
  de reciprocidade, 50
Força
  do sacrifício, 30
Globalização, 154
Holismo, 139, 144
  puro, 144
Individualismo, 139-
  40, 144
  puro, 144
Inflação, 93
Intimidade
  esfera da, 18
Méconnaissance, 105
Mediador
  transcendente, 121
Multidão, 160
Paradoxo, 18, 26, 49,
  68, 103, 106

Potlatch, 28, 37
Primeira Guerra
  Mundial, 93
Reciprocidade, 17, 27,
  33, 75, 87, 99, 108,
  144
  direta, 100
  equilibrada, 66
  exigência de, 43,
  121
  falta de, 143
  imediata, 109
  indireta, 100
  negativa, 27, 32, 36,
  47, 87-88, 91, 93
  positiva, 18, 27, 36,
  62, 88, 94-95
  princípio de, 67
  simétrica, 111
  social, 78
  violenta
  saída da, 33
Rito, 31
  sacrificial, 56
Rivalidade, 141
Sacrifício, 31-33, 139
  e dom, 37
  e reciprocidade
  positiva, 18

Segunda Guerra
  Mundial, 92, 95
Sistema
  autônomo, 24
  biológico, 142, 143,
    145, 155-56, 160
  imunológico, 146,
    148
  social, 142-43, 156
  vingativo, 36
Sistemas
  dinâmicos, 150
Suicídio, 28
Tabu, 102
  do incesto, 79
Terceiro
  enigma do, 51, 53
  lugar do, 121
Transcendência, 17,
  31, 51, 158
  absoluta, 143
  imanente, 157
  real, 145
Troca
  arcaica, 50
  ciclo da, 30
  concepção
    tradicional da, 39
  lei da, 160
  reificação da, 47, 60
  relação de, 62
  ritual, 57
Trocas
  fertilidade das, 73
Vendeta, 22
Vingança, 18, 29-30,
  34, 48, 55, 129, 157
  ciclo da, 31
  ciclo da inversão
    da, 26
  círculo da, 114
  círculo vicioso da,
    18, 32
  instrumento da, 23
  inversão do ciclo
    da, 29
  lógica da, 27, 36
  operação da, 23
  operador da, 23
  reciprocidade
    negativa da, 34
Violência
  ciclo da, 25
  dinâmica da, 158
  eliminação da, 32
  e troca, 35
  sacrificial, 32
  sagrado da, 32
  vingativa, 32
Vítima, 40

índice onomástico

Anspach, Mark R., 36, 146
Anspach, Ralph, 154
Atlan, Henri, 32
Barraud, Cécile, 35
Bateson, Gregory, 68-69
Bentham, Jeremy, 140
Boyer, Alain, 136-37
Caillé, Alain, 19, 74, 116-18, 127, 140
Caillé, Philippe, 101, 124-25, 127
Casajus, Dominique, 51-52, 54, 57
Castoriadis, Cornelius, 20, 54
Cerreto, Mary, 108, 111
Charbonneau, Johanne, 122, 132
Clerc, Denis, 150
Comfort, Alex, 104
Coutinho, Antonio, 148
Current-Garcia, Eugene, 135
Darby, Michael R., 92
Daumal, René, 7

Deguy, Michel, 20
De Kooning, Willem, 92
Dumouchel, Paul, 20, 114
Dupuy, Jean-Pierre, 19-20, 24, 39, 45, 62, 142, 145, 149, 156-57
Durkheim, Émile, 43
Ferguson, Adam, 149
Fisch, Richard, 103, 106, 109
Frank, Robert, 108
Frank, Thomas, 137
Fridman, Wolf H., 148
Galbraith, John Kenneth, 93-94
Galey, Jean-Claude, 20
Garine, Igor de, 30
Godbout, Jacques T., 108, 110, 115-16, 122, 126, 132
Goodman, Ellen, 102
Gregoretti, Marco, 100
Gregory, Lady Isabella Augusta, 26, 131
Hanson, F. Alan, 27

Hanson, Louise, 27
Hayek, Friedrich von, 136, 143-44, 149
Howard, Jane, 102
Iacono, Alfonso M., 149
Kadaré, Ismaïl, 25
Kaletsky, Anatole, 147
Kapferer, Bruce, 64, 67, 71, 73
Kelly, Kevin, 137
Klein, Jean-Pierre, 118
Lawrence, David Herbert, 101, 104
Lefort, Claude, 40
Leuchtenburg, William E., 92
Lévi-Strauss, Claude, 35, 39, 46, 50, 54, 58-60, 62, 66, 70, 78-79, 83, 100-11, 119, 141, 159
MacDonald, Marcia, 108, 111
Malamoud, Charles, 27
Manghi, Sergio, 140
Marsden, Samuel, 26

Marx, Karl, 43
Mauss, Marcel, 17, 27-29, 38, 40, 43, 45-46, 49, 51, 54-55, 58, 60, 63, 72-73, 76, 82, 87, 96, 102, 107, 111, 114, 141
McGinnis, Reginald, 19
Mead, Margaret, 79, 101-02
Molière, 27, 47
Mori, Claudia, 100, 126
Mugnier, Jean-Paul, 20
Murstein, Bernard, 108, 111
Myrdal, Gunnar, 150
Netti, Enrico, 137
Neumann, John von, 136
Nietzsche, Friedrich, 21
Orléan, André, 84
Parry, Jonathan, 57, 116
Piroso, Antonello, 100
Polenberg, Richard, 93
Polito, Antonio, 147
Pollock, Jackson, 92
Popper, Karl, 137
Porter, William Sydney, 128, 135, 147
Posidônio de Apameia, 28
Racine, Luc, 40
Roosevelt, Franklin D., 86, 91, 96
Roosevelt, Theodor D., 94, 97
Rousseau, Jean-Jacques, 66

Ruesch, Jurgen, 68
Sahlins, Marshall, 56, 111
Schnitzler, Arthur, 40
Scubla, Lucien, 19, 32, 36
Serres, Michel, 20, 27-28
Sheen, Charlie, 102
Simmel, Georg, 61, 84
Smith, Adam, 77, 80, 88, 136, 139, 146, 149, 153, 160
Soros, George, 151, 154
Stewart, John, 20, 148
Stills, Stephen, 99
Swift, Jonathan, 140
Taylor, Earl, 20
Théret, Bruno, 83
Tricaud, François, 22
Tsuda, Itsuo, 76
Varela, Francisco J., 24, 142, 146, 148
Verdier, Raymond, 36
Watzlawick, Paul, 103, 106-07, 109
Weakland, John H., 103, 106, 109
Weiss, Paul, 142-43
Wright, Richard, 92

biblioteca René Girard*
coordenação João Cezar de Castro Rocha

Dostoiévski: do duplo à unidade
René Girard

Anorexia e desejo mimético
René Girard

A conversão da arte
René Girard

René Girard: um retrato intelectual
Gabriel Andrade

Rematar Clausewitz: além *Da Guerra*
René Girard e Benoît Chantre

Evolução e conversão
René Girard, Pierpaolo Antonello e João Cezar de Castro Rocha

O tempo das catástrofes
Jean-Pierre Dupuy

Violência e modernismo: Ibsen, Joyce e Woolf
William A. Johnsen

Quando começarem a acontecer essas coisas
René Girard e Michel Treguer

Espertos como serpentes
Jim Grote e John McGeeney

O pecado original à luz da ressurreição
James Alison

Aquele por quem o escândalo vem
René Girard

O Deus escondido da pós-modernidade
Carlos Mendoza-Álvarez

O sacrifício
René Girard

Deus: uma invenção?
René Girard, André Gounelle e Alain Houziaux

O trágico e a piedade
René Girard e Michel Serres

"Despojada e despida": a humilde história de Dom Quixote
Cesáreo Bandera

Édipo mimético
Mark R. Anspach

Descobrindo Girard
Michael Kirwan

Violência sagrada
Robert Hamerton-Kelly

René Girard: do mimetismo à hominização
Stéphane Vinolo

* A Biblioteca reunirá cerca de 60 livros e os títulos acima serão os primeiros publicados.

Dados Internacionais de Catalogação na Publicação (CIP)
(Câmara Brasileira do Livro, SP, Brasil)

Anspach, Mark Rogin, 1959-
Anatomia da vingança: figuras elementares da reciprocidade / Mark R. Anspach; tradução Margarita Maria Garcia Lamelo. – São Paulo: É Realizações, 2012. –
(Biblioteca René Girard)

Título original: A charge de revanche: figures élémentaires de la réciprocité
Bibliografia.
ISBN 978-85-8033-095-3

1. Dom 2. Reciprocidade 3. Relações humanas 4. Socioantropologia 5. Vingança
I. Título. II. Série.

12-08679   CDD-306.3

Índices para catálogo sistemático:
1. Antropologia econômica : Sociologia   306.3

Este livro foi impresso pela Prol Editora Gráfica para É Realizações, em julho de 2012. Os tipos usados são da família Rotis Serif Std e Rotis Semi Sans Std. O papel do miolo é pólen bold 90g, e o da capa, cartão supremo 300g.